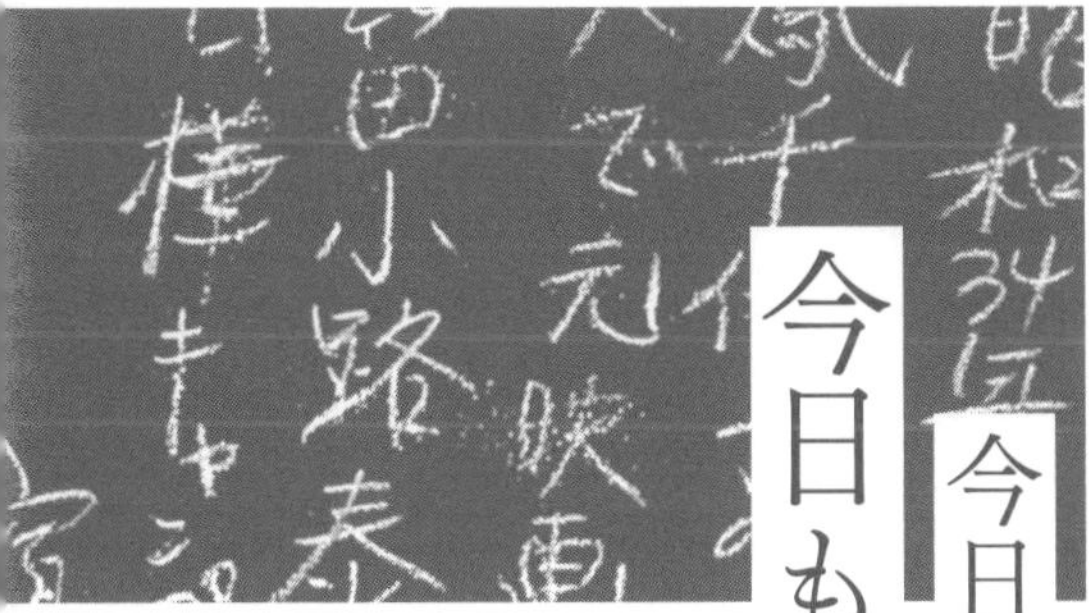

今日は何の日？

今日も本の日！

まちの本屋が店先の
黒板にほぼ毎日書いた
ブックガイド

逢坂肇と
流泉書房の仲間たち

苦楽堂

今日は何の日？
今日も本の日！

まちの本屋が店先の黒板に
ほぼ毎日書いたブックガイド

逢坂肇と流泉書房の仲間たち

苦楽堂

まえがき――《今日は何の日？》のつくり方

店先で毎日変わる「何か」ができないか？

そんな思い付きから始まったのが「今日は何の日？」だ。店頭の黒板に今日が何の日なのかを書き、それにまつわる本をお客様にご紹介する。黒板を撮影した画像は、店の公式アカウントでＳＮＳにも投稿する。うちの店のモットーは、「思いついたらとりあえずやってみる」なので早速準備に取りかかる。調べてみると、１年３６５日毎日何かしらの記念日が制定されている。とすれば、それを毎日黒板に書いていくだけの簡単な作業、楽なものである。

１年目、記念日を中心に、史実を交えながら書いていく。

２年目、史実が中心となっていき、そこに著名人の誕生日や忌日を交えるようになる。

３年目、目を引くできごとはすでに使用済みとなっているものが増えてきたため、選別に時間がかかるように。

4年目、ついにネタに困りだす。誰だ、簡単な作業なんて言ったやつは、出てこい。

毎日の作業が苦になりだしたある日、ネタ探しのネットサーフィンでふと目にとまったのが、ウィキペディアの「フィクションのできごと」——小説やマンガの中で起きた話だった。

これは使えるんじゃないか？

思いついたらやってみる、「フィクションのできごと」をネタに黒板と向かい合う日々が始まった。やり始めるとこれがなかなか面白い。既読の作品は内容の再確認となるし、未読の作品はそれをきっかけに読んでみたりもした。ただ、史実とは違い何もない日も多いため問題が出てきた。そう、空いている日を「どうやって補完するか」だ。

まずは、「誕生日や忌日」。今までも著名人の誕生日や忌日を扱っていたが、それを作家や作品の登場人物、本と結び付けることができそうな人物に限定して探し出すことに。

次に、史実でも「小説のネタ」になっていそうなものをピックアップする。史実をネタに使っている作品を探すのは大変ではあるが、意外な作品が引っかかったりして結構楽しかったりする。

そして最後は「本から探す」だ。今までに様々なジャンルを読んできたため、普通の人よりは引き出しが多いはず。既読の作品を中心に、手あたり次第本を開いて探していく。濫読家でよかったと感じた瞬間である。

こうしてネタを探す糸口さえつかめればあとは行動あるのみ、黙々と作業を進めればいい。ネタにフィクションを扱うようになってからは、ＳＮＳでの反応がよくなり、店頭でもお客様から声をかけられることが増えたため、こちらのモチベーションも高まった。地味で大変な作業も苦でなくなる。

ここまででお気づきの通り、うちの店の「今日は何の日？」は、基本的にウィキペディアからネタを拾っている。そう、誰でもできることなのだ。それがなぜ新聞から取材され、本を出版するまでになったのか。それは、「とりあえずやり始めた」ことでも、試行錯誤を重ねある程度の期間、「楽しみながらやり続けた」からだと思っている。自分たちが楽しくないことはお客様も楽しめない、仕事の熱量は思っている以上に伝わっているのだ。
何事も失敗を恐れずに、とりあえずやってみるのはいかがだろうか？
もちろん、楽しみながら。

流泉書房　逢坂　肇

追記

①本書では1年３６６日すべての「今日は何の日？」を書いてはいない。店休日、私の公休日、出勤はしていたけれど忙しくて黒板に書く暇がなかった日は抜けている。楽しみながらやるためには、無理は禁物。

②黒板に書いたものの中には〝その日にまつわる本〟がないときもあったが、書籍化に際しては、必ずその日と何らかの関わりがある本（可能な限り絶版品切れを避け、現在入手しやすいもの）を挙げるようにした。

③文中に日付が出てこないという理由で、うちの店ではよく売れているのに「今日は何の日？」に登場しないジャンル（例・童話、時代小説）がある。

④文中敬称略とさせていただいた。

■今日は何の日？　今日も本の日！　目次

コラム書店員９ｔｏ５

1月

January　睦月

年末年始の溜まった注文を消化する日々。下半期の芥川賞・直木賞の発表もあったりする。毎年気が付くと終わっている月。

この頃
書店で
起きること

２０２１年１月４日、
本日より営業しております！
本年もどうぞよろしくおねがいいたします！

—新年営業開始日のため、最初に黒板に書くのは毎年いつもこんな感じ。「夢野久作《ゆめのきゅうさく》の誕生日」だったりする。代表作《だいひょうさく》は『ドグラ・マグラ』（夢野久作／角川文庫／上巻１９７９、下巻１９８１）

１月４日

哲学者・小説家の
ウンベルト・エーコ生まれる。

—文庫になれば売れるだろうなと思う『薔薇《ばら》の名前』の著者

１月５日

として知られている。

『薔薇の名前』（ウンベルト・エーコ著、河島英昭訳／東京創元社／上下とも1990）

1月6日

シャーロック・ホームズの誕生日。誕生年については1854年となっているが、52年、53年という説もある。

『――最後の挨拶』で the man of sixty とあるのがホームズの年齢に関する唯一の記述。

『シャーロック・ホームズ最後の挨拶』（コナン・ドイル著、延原謙《のぶはらけん》訳／新潮文庫／2010）

1月7日

200X年、国産超音速ビジネスジェット「スワローテイル」の1号試作機が原因不明の爆発事故を起こし墜落。クルー12名が死亡する。

有川作品は、『空の中』を含む「自衛隊三部作」や『図書館戦争』シリーズが好き。

『空の中』（有川浩《ひろ》／角川文庫／2008）

1月8日

1980年、テレビアニメ

「ニルスのふしぎな旅」放送開始。

子供の頃これを観て、鳥の背中に乗って旅をしてみたくなった。

『ニルスのふしぎな旅　１　新たな空への旅立ち』（セルマ・ラーゲルレーフ原作、吉田順翻案／学研プラス／２０２１）

1月9日

１９８８年、ソニーがＶＨＳ方式家庭用ＶＴＲの発売を発表。事実上のベータ方式敗北宣言。

ビデオテープを呪いの媒体として扱った『リング』は衝撃だった。

『リング』（鈴木光司／角川ホラー文庫／１９９３）

1月10日

明治38年1月10日、二弦琴の御師匠さんの家に行った猫の「吾輩」は、三毛子が亡くなったことを知る（小説『吾輩は猫である』第二話より）。

―『吾輩は猫である』（夏目漱石／角川文庫／1989）

1月11日

1948年、太陽クラブが結成される。

―高木彬光《あきみつ》のピカレスク小説。神津《かみづ》恭介は出てこないが面白い。

『白昼の死角』（高木彬光／光文社文庫／2005）

1月12日

１９９７年、ＨＡＬ９０００がアメリカ・イリノイ州アラバマで完成。

『２００１年宇宙の旅（決定版）』（アーサー・Ｃ・クラーク著、伊藤典夫訳／ハヤカワ文庫ＳＦ／１９９３）

1月13日

１９５８年、この日の夜、安田辰郎が赤坂の料亭「小雪」に一人の客を招待した。

読後、よくできたタイトルだと感心した作品。

『点と線』（松本清張／文春文庫／２００９）

1月15日

1947年、東京銀座の宝石店・天銀堂で強盗殺人事件が発生。

横溝正史は神戸の作家。今もよく売れるので、登場回数も多くなる。

『悪魔が来りて笛を吹く』（横溝正史／角川文庫／1973）

1月16日

かんべむさし（1948）山田正紀（1950）日本SF第二世代作家、二人の誕生日。

第二世代はほかに、田中光二、堀晃《あきら》、横田順彌《じゅんや》がいる。作品が手に入りにくくなっている第二世代の中、山田正紀は精力的に新作を発表している。かんべむさしは『公共考査機構』が30数年ぶりに復刊された。

『SF読書会』（山田正紀、恩田陸／徳間書店／2021）
『公共考査機構』（かんべむさし／徳間文庫／2021）

1月17日

1594年（文禄2年11月26日）、日本初の木製活字本となる古文孝経《こぶんこうきょう》が印刷される。

木活字版と同じように手間がかかる活版印刷所の物語「活版印刷三日月堂シリーズ」には、デジタルにはない温かみを感じる。

『活版印刷三日月堂 1 星たちの栞』（ほしお さなえ著／ポプラ文庫／2016）

1月19日

1809年、エドガー・アラン・ポー生まれる。

世界初と言われる推理小説『モルグ街の殺人』などが有名。

ペンネーム「江戸川乱歩」の元ネタを知った時の衝撃。

『モルグ街の殺人・黄金虫　ポー短編集II』（エドガー・アラン・ポー著、巽《たつみ》孝之訳／新潮文庫／２００９）

1月21日

２０１５年、小説家・陳舜臣《ちんしゅんしん》死去。

神戸を代表する作家。後年は歴史小説のイメージが強いが、もともとは、処女作で江戸川乱歩賞を受賞し、直木賞、日本推理作家協会賞も受賞したミステリ作家であった。

『方壺園《ほうこえん》　ミステリ短篇傑作選』（陳舜臣著、日下三蔵《くさかさんぞう》編／ちくま文庫／２０１８）

1月22日

1931年、ミスカトニック大学南極探検隊の調査用飛行機が狂気山脈を発見。採掘調査を開始する（H・P・ラヴクラフト「狂気の山脈にて」より）。

ラヴクラフトが創造した人類史以前の世界が最も濃密に描かれている。また、映画監督のギレルモ・デル・トロが映画化に挑んでいる作品でもある。

『ラヴクラフト全集 4』（H・P・ラヴクラフト著、大瀧啓裕《けいすけ》訳／創元推理文庫／1985）

1月23日

紅《こう》月《づき》圭《けい》（児童書『怪盗レッド』の主人公）**の誕生日。**

『怪盗レッド（1）2代目怪盗、デビューする☆の巻』（秋《あき》木《ぎ》真《しん》著、しゅー絵／角川つばさ文庫／2010）

1月24日

1984年、アップルコンピュータからMacintosh 128Kが発売された。当時の価格は2495ドル。

『スティーブ・ジョブズ 1』（ウォルター・アイザックソン著、井口耕二訳／講談社＋α文庫／2015）

1月25日

1890年、ネリー・ブライが72日間での世界一周を達成。

ヴェルヌの『八十日間世界一周』をモデルとした世界一周企画。ネリー・ブライはリポーターとして参加、このことを記したノンフィクション作品が存在する。

『ヴェルヌの「八十日間世界一周」に挑む　4万5千キロを競ったふたりの女性記

者』（マシュー・グッドマン著、金原瑞人《かねはらみずひと》訳、井上里《さと》訳／柏書房／2013）

1月26日

2000年、A・E・ヴァン・ヴォークト死去。

「ワイドスクリーン・バロック」と呼ばれるSFの作風を確立したといわれる作家。

代表作は『宇宙船ビーグル号の冒険』（A・E・ヴァン・ヴォークト著、沼沢洽治《こうじ》訳／創元SF文庫／2017）

1月28日

1813年、ジェイン・オースティンの長編小説『高慢と偏見』がイギリスで発刊。

この小説を下敷きに書かれた『高慢と偏見とゾンビ』（ジェイ

ン・オースティン原著、セス・グレアム＝スミス著、安原和見《かずみ》訳／二見文庫／２０１０）というものが存在する上に映画化もされた。

『高慢と偏見』（ジェイン・オースティン著、大島一彦《かずひこ》訳／中公文庫／２０１７）

1月29日

１８４５年、エドガー・アラン・ポオが物語詩「鴉《からす》」を発表。

『ポオ　詩と詩論』（エドガー・アラン・ポオ著、福永武彦訳／創元推理文庫／１９７９）に収録されている。

1月30日

１９８８年、漫画家コンビ・藤子不二雄がコンビ解消を発表。

子供のころセリフを全部覚えるくらい読みふけった『ドラえもん』。コンビ解消はショックな出来事だった。

『まんが道　1』（藤子不二雄Ⓐ／中公文庫／1996）

1月31日

1997年、「ファイナルファンタジー7」発売。

書店業界に入った年。当時の勤務先が書店、CD・ビデオレンタル、ゲームショップが一緒になった郊外型複合店であった。プレイステーション本体とともに爆発的に売れた記憶がある。

『プレイステーションパーフェクトカタログ　上巻 1994-1998』（前田尋之《ひろゆき》監修／ロングランドジェイ／2020）

《書店員9to5》
①早番の朝イチ仕事

本屋の朝は力仕事から始まる。店に着きシャッターを開けるとまず目に入るのが、うず高くとは言わないがそれなりに積まれた雑誌の梱包と書籍の入ったダンボール箱たちである（荷物の配送は早朝に行われるため運送会社にシャッターの鍵を預けており、荷物を店の中に運び込んでもらっている）。日によって多い少ないはあるが、うちの店の場合、雑誌、書籍各々10個前後の納品が毎日ある。この荷物を検品などを行う作業スペースまで運ぶのが朝イチの仕事だ。私は何度も往復するのが面倒なので、一度に持てるだけ持って運ぶ。年々、一度に持てる量が減ってきているのが気になるところだが、雑誌は片手2個ずつの合計4個、書籍は2、3箱積み上げて運んでいる。入荷が多いときなどはこの作業だけでグッタリする。

ちなみに、書籍の入ったダンボール1箱の重量は5～10kg、雑誌は1冊500gほどのものが10冊前後で一梱包となっている。本屋の従業員に腰痛持ちが多い理由のひとつだろう。紙は重いのだ。

この頃書店で起きること

2月

February　如月

教科書販売の準備のラストスパート。主に私以外のスタッフが忙しい月。

2月1日

1946年、NHKラジオで平川唯一《ただいち》の「ラジオ英語会話」放送開始。

2021年秋のNHK連続テレビ小説「カムカムエヴリバディ」は「ラジオ英語会話」を題材としたドラマ。『カムカムエヴリバディ　平川唯一と「ラジオ英語会話」の時代』（平川　洌《きよし》／NHK出版／2021）

2月2日

年不明、ヨーク・ハッターの腐乱死体が発見される

（小説『Yの悲劇』プロローグより）。

バーナビー・ロス名義で発表された「悲劇」4部作の第2部にあたる作品。名探偵ドルリー・レーンが活躍する。

『Yの悲劇』（エラリー・クイーン著、鮎川信夫訳／創元推理文庫／1980）

2月3日

2024年、セラノ・ゲノミクス社長誘拐事件の犯人と被害者が、天気予報中継の場に現れる。その後、犯人は逃走（アニメ「攻殻機動隊S・A・C」より）。


「第3の攻殻《こうかく》」と呼ばれるテレビアニメ版の中の「笑い男事件」の発端となった出来事。オリジナル脚本のため、原作にこのエピソードはない。

『PIECES Gem 01 攻殻機動隊データーα』（士郎正宗／青心社《せいしんしゃ》／2014）

2月4日

1958年、東野《ひがしの》圭吾生まれる。

―東野圭吾は有名シリーズではない作品が面白い。『名探偵の呪縛《じゅばく》』は本格推理への愛に溢れた作品。

『名探偵の呪縛』（東野圭吾／講談社文庫／1996）

2月5日

1971年、ニューメキシコ州ピードモントで異変が発生。ワイルドファイア警報が発令される（SF映画「アンドロメダ……」より）。

―マイクル・クライトンの出世作『アンドロメダ病原体』を原

作としたSF映画。ちなみに、同じくパンデミックを題材とした小松左京の『復活の日』はこの作品の5年前に書かれている。

『アンドロメダ病原体』（マイクル・クライトン著、浅倉久志訳／ハヤカワ文庫NV／2012）
『復活の日』（小松左京／ハルキ文庫／2018）

2月6日

1871年、ヘンリ・メリヴェール卿生まれる。

「密室もの」で知られる作家ジョン・ディクスン・カー。その変名「カーター・ディクスン」名義の作品に登場する名探偵。初登場は『黒死《こくし》荘の殺人』。

『黒死荘の殺人』（カーター・ディクスン著、南條竹則《たけのり》訳、高沢《たかさわ》 治《おさむ》 訳／創元推理文庫／2012）

2月7日

1975年、小説家・香山《かやま》滋死去。

『ゴジラ』の原作者として知られる。現在入手困難な作品が多いが、『ゴジラ』と、『海鰻《かいまん》荘奇談』が手に入る。

『ゴジラ』（香山滋／ちくま文庫／２００４）
『海鰻荘奇談　香山滋傑作選』（香山滋著、日下《くさか》三蔵編／河出文庫／２０１７）

2月8日

年不明、冨岡義勇生まれる。

社会現象にもなった『鬼滅の刃』の登場キャラクターらしいが、読んだことがないのでどのキャラかわからない。放っておいても売れる商品は、お客様が内容を教えてくれるようなものなので、店員が深く知る必要もなかったりする。

『TVアニメ鬼滅の刃公式キャラクターズブック　３ノ巻』（吾峠呼世晴《ごとうげこよはる》原作／ホーム

社／2021）

2月9日

1986年、ハレー彗星が太陽に最接近。次回は2061年7月29日の予定。

1910年の接近時に、民俗学者・南方熊楠《みなかたくまぐす》と詩人・宮沢賢治がどうしていたのかという話が書いてある本がある。

『南方熊楠と宮沢賢治 日本的スピリチュアリティの系譜』（鎌田東二《とうじ》／平凡社新書／2020）

2月10日

1991年、両眼の赤い男に唆《そそのか》された

当時10歳の七瀬美雪の犯行による七瀬邸一家4人殺害事件が起こった（小説『心霊探偵八雲』より）。

自費出版から大手出版社に移籍しドラマ化、アニメ化もされた成功作品。

『心霊探偵八雲　赤い瞳は知っている』（神永 学《まなぶ》／文芸社／２００４）

2月13日

１９８２年、黒色矮星「ゴラス」が、通常軌道から移動した地球に最接近（映画『妖星ゴラス』）。

ＳＦ作家・山本弘は、『地球移動作戦』がこの作品へのオマージュ作品であることをまえがきに記している。

『地球移動作戦』（山本弘／ハヤカワ文庫ＪＡ／上・下共２０１１）

2月14日

年不明、ある人物が、
9月某日に実行する殺人計画をたてる。
（アガサ・クリスティー『ゼロ時間へ』より）。

——今作の主人公・バトル警視は『ひらいたトランプ』でポアロと共演している。

『ゼロ時間へ』（アガサ・クリスティー著、三川基好《きよし》訳／ハヤカワ文庫／2004）

2月15日

1860年、
十五少年、漂流開始。

——『十五少年漂流記』（ジュール・ヴェルヌ著、波多野完治《はたのかんじ》訳／新潮文庫／1990）

2月16日

１９１８年、ドイツ陸軍航空隊のドランシ大尉が、ロンドンへの夜間爆撃に出撃する。

（イラストエッセイ『宮崎駿の雑想ノート』「ロンドン上空１９１８年」より）。

映画監督としてよりも、漫画家・エッセイストとしての宮崎駿のほうが好きなのはなぜだろう。

『宮崎駿の雑想ノート（増補改訂版）』（宮崎駿／大日本絵画／１９９７）

2月17日

「天使のささやきの日（天使の囁《ささや》き記念日）」。

1978年、北海道幌加内町《ほろかないちょう》母子里《もしり》の北海道大学演習林で最低気温氷点下41・2度を記録したことに由来。「天使の囁き」とは、空気中の水蒸気が凍ってできる「ダイヤモンドダスト」のこと。

「天使の囁き」で貴志祐介《きしゆうすけ》の『天使の囀《さえず》り』を思い出した。内容的には似ても似つかないが、思い出しちゃったものはしょうがない。

『天使の囀り』（貴志祐介／角川ホラー文庫／2000）

2月20日

2021年、映画『痛くない死に方』公開。

—在宅医療のスペシャリスト・長尾和宏のベストセラーを映画

化。原作が小説ではなく医師が書いた人生の終わり方の指南書というのも珍しい。

『痛くない死に方』（長尾和宏／ブックマン社／2016）

2月21日

921年、陰陽師《おんみょうじ》・安倍晴明《あべのせいめい》生まれる。

「陰陽師」といえば夢枕獏《ゆめまくらばく》。映画版の野村萬斎《まんさい》のイメージが強い。

『陰陽師　水龍ノ巻《すいりゅうのまき》』（夢枕獏／文藝春秋／2021）

2月22日

1935年、

作家・大藪《おおやぶ》春彦生まれる。

――『蘇える金狼　野望編』（大藪春彦／角川文庫／２０１９）

2月24日

「南国《なんごく》忌」。

大衆作家・直木三十五《さんじゅうご》の１９３４年の忌日。

――代表作「南国太平記」にちなんだ文学忌。

『南国太平記』（直木三十五／角川文庫／上下とも２０１７）

2月25日

１９７８年、

映画「未知との遭遇」が日本で公開。

ストーリーは「十戒《じっかい》」を基にしているらしい。
『手塚治虫の旧約聖書物語　2　十戒』（手塚治虫制作総指揮／集英社文庫／1999）

2月26日

1936年、梅沢平吉がアトリエで殺害される

（島田荘司《そうじ》「占星術殺人事件」より）。

何度かの改訂を経て、2006年に発売された南雲堂の『島田荘司全集1』に「改訂完全版」と銘打って収録されたため全集を購入したが、2013年これに加筆・修正した文庫版が講談社より発売されるという悲劇が起きた。いろんな意味で印象深い作品。

——『占星術殺人事件（改訂完全版）』（島田荘司／講談社文庫／2013）

2月27日

1977年、推理作家、ジョン・ディクスン・カー死去。

「密室といえばカー」。ミステリ好きなら『三つの棺《ひつぎ》』は必読です。

——『三つの棺（新訳版）』（ジョン・ディクスン・カー著、加賀山卓朗《たくろう》訳／ハヤカワ文庫／2014）

2月28日

1916年、小説家、ヘンリー・ジェイムズ死去。

代表作はもちろん『ねじの回転』。今は〝ねじのかいてん〟と読むが、私が初めて読んだ頃は〝ねじのひねり〟と読んでいた気がするがどうだっただろうか？

『ねじの回転　心霊小説傑作選』（ヘンリー・ジェイムズ著、南條竹則訳、坂本あおい訳／創元推理文庫／2005）

2月29日

1948年、赤川次郎生まれる。「三毛猫ホームズ」など数多くの作品を手掛ける国民的人気作家。ちなみに「赤川次郎」は本名。

現在でも毎月のように文庫が発売される、西村京太郎と並ぶおばけ作家。

『三毛猫ホームズの懸賞金』（赤川次郎／光文社カッパノベルス／2021）

《書店員9to5》 ②朝二番目の仕事

荷ほどきは雑誌から始める。まずは、梱包ごとに付いている明細と照らし合わせながら検品を行うのだが、数だけでなく傷みがないかもチェックする。梱包時や輸送時に本が傷むことがよくあるからだ。傷んでいた商品や数に差異があった場合、問屋のコールセンターに電話をして「事故品」として再入荷の手配をする。こうした配送事故がなければしなくてもよい無駄な仕事なのだが、ほぼ毎日しているところが腹立たしい。

検品が終わると、付録付きの雑誌や週刊誌、女性誌などに「紐《ひも》かけ」を行う。あまり知られていないようだが、雑誌の付録は納品された店でセットしている。うちの店ではそれ以外にも、週刊誌や女性誌などにも紐をかけている。これは、湿気等で本がよれてしまい売り物にならなくなることを防ぐためである。店の規模が小さく納品数が少ないため、一冊を無駄にしないために必要な作業だ。

雑誌が終われば、書籍も同様に検品をして売り場に並べる。お客様に新刊をお届けするための朝のルーチンワークが終われば開店だ。

3月

March　弥生

教科書の月。私以外のスタッフ総出で、高校での教科書販売や小・中学校への教科書の搬入に追われる。その間、私は一人店番をしている。店頭を守るのが私の仕事なのだ。

この頃
書店で
起きること

3月1日

2019年、
映画「移動都市／モータル・エンジン」公開。

フィリップ・リーヴの『移動都市』が原作のSF映画。原作はシリーズ4作となっているが、1作目以外は品切れで入手困難な状態に……。

『移動都市』（フィリップ・リーヴ著、安野玲《あんのれい》訳／創元SF文庫／2006）

3月2日

「遠山の金さんの日」。
天保《てんぽう》11年3月2日（陰暦4月4日）、
遠山金四郎景元《かげもと》が江戸北町奉行に任命された

ことを受けて制定された。

春陽堂書店から山手樹一郎《きいちろう》著の『遠山の金さん』が発行されていたが、現在は入手困難。『〈名奉行〉の力量　江戸世相史話』の第1章のお題が《遠山金四郎の入墨》。

『〈名奉行〉の力量　江戸世相史話』（藤田　覚《さとる》／講談社学術文庫／２０２１）

3月3日

『こちら葛飾区亀有公園前派出所』主人公・両津勘吉の誕生日。

生年不明だが、昭和20年代生まれと推測されている。２０２１年10月に5年ぶりとなる２０１巻が発売。

『こちら葛飾区亀有公園前派出所　２０１巻』（秋本治／ジャンプコミックス／２０２１）

3月4日

3月4日は「雑誌の日」。語呂合わせです。ちなみに、3月、4月は「雑誌の月」となってます。

―『創刊の社会史』（難波《なんば》功士《こうじ》／ちくま新書／2009）

3月5日

1963年、日本SF作家クラブ発足。

―現会長は、声優・エッセイストの池澤春菜。初代会長は星新一。

―『国際SFシンポジウム全記録　冷戦以後から3・11以後へ』（日本SF作家クラブ編、巽孝之監修／彩流社／2015）

3月6日

3月7日

この日が誕生日の作家。
ガルシア＝マルケス（1928年）、宮本輝《てる》（47年）、重松清（63年）、そして鳥飼否宇《とりかいひう》（60年）。

『パンダ探偵』（鳥飼否宇／講談社タイガ／2020）

1924年、小説家・安部公房《こうぼう》生まれる。

日本人でもっとも早い時期からワープロで小説を執筆した作家の一人。死後、ワープロ用フロッピーディスクから「飛ぶ男」などの遺作が発見されたことも昭和の文豪としては特異。

『笑う月』（安部公房／新潮文庫／2014）

3月8日

2026年、NASAのアルタイル月着陸船「クイーン」が月面に着陸。

搭乗していた宇宙飛行士・南波《なんば》日々《ひび》人《と》が日本人として初めて月に降り立つ。

『宇宙兄弟　7巻』（小山《こやま》宙哉《ちゅうや》／モーニングKC／2009）

3月10日

1977年、天王星の環が発見された。

『探査機でここまでわかった太陽系　惑星探査機とその成果』（松井孝典／技術評論社／2011）

3月11日

3月12日

1924年、阪神甲子園球場が起工（当時は阪神電車甲子園大運動場と呼ばれた）。

地元ネタ。甲子園のグラウンド整備をする「阪神園芸」のことを書いた小説『あめつちのうた』が話題に。

『あめつちのうた』（朝倉　宏景《ひろかげ》／講談社文庫／2021）

1925年、SF作家ハリイ・ハリスン生まれる。

ハインラインの『宇宙の戦士』を風刺した『宇宙兵ブルース』などユーモラスなSF作品が多いが、現在新刊で手に入るものがないのが残念。

『宇宙の戦士〔新訳版〕』（ロバート・A・ハインライン著、内田昌之訳／ハヤカワ文庫SF／2015）

3月13日

１９７１年、神戸市電の最後に残った区間、板宿《いたやど》〜三宮阪神前がこの日を最後に廃止。

２０２１年５月に店内で、地元イラストレーター・もふもふ堂「神戸市電のある風景」イラスト展を開催。そのイラストを収めた画集が発売中。

『神戸の風景 Best Selection 2010-2020 もふもふ堂画集』（もふもふ堂／シーズ・プランニング／２０２１）

3月14日

１９０１年、推理小説作家・小栗虫太郎《おぐりむしたろう》生まれる。

推理小説三大奇書のひとつ『黒死館殺人事件』の著者。

『黒死館殺人事件』（小栗虫太郎／河出文庫／２００８）

3月15日

１９６１年、『宴《うたげ》のあと』でプライバシーを侵害されたとして有田《ありた》八郎が三島由紀夫を訴える。

――日本初のプライバシー侵害訴訟。

『宴のあと』（三島由紀夫／新潮文庫／２０２０）

3月16日

１９５０年、作家・佐々木譲《じょう》生まれる。

――最近やたらとＰＯＰに顔出ししている作家の一人。警察小説の雄として知られるが、冒険小説の評価も高い。

『帝国の弔砲《ちょうほう》』（佐々木譲／文藝春秋／２０２１）

3月17日

１９４８年、ＳＦ作家ウィリアム・ギブスン生まれる。

サイバーパンクの代表的作家。１９８２年に発表された『クローム襲撃』で「広く行き渡り、相互接続されたデジタル技術」を示す「サイバースペース」という用語を作り出した人。

『クローム襲撃』（ウィリアム・ギブスン著、浅倉久志他訳／ハヤカワ文庫ＳＦ／１９８７）

3月18日

１８９２年、ユーストン駅発マンチェスター行き列車のラグビー駅到着時に、6つの時計を持つ男の射殺体が発見される（コナン・ドイル『時計だらけの男』より）。

―ホームズは出てこないが、ホームズシリーズのスピンオフとされる作品。

『ドイル傑作集　Ｉ　ミステリー編』（コナン・ドイル著、延原謙訳／新潮文庫／２００６）

３月19日

１９１８年、作家・福永武彦生まれる。

作家・池澤夏樹の父親。〈加田伶太郎《かだれいたろう》〉という名で推理小説を書き、ＳＦ作家〈船田学《ふなだがく》〉として「モスラ」の原作者となる。そして孫娘は現・日本ＳＦ作家クラブ会長。

『完全犯罪　加田伶太郎全集』（福永武彦／創元推理文庫／２０１８）

３月20日

年不明、隅田川にかかる吾妻橋の蒸気船発着場の水中から実業家・小山田六郎《おやまだろくろう》の

3月21日

変死体が発見される（江戸川乱歩『陰獣』第6章より）。

横溝正史に依頼され「新青年」に執筆した作品で、破格の原稿料が支払われたらしい。

『陰獣 他三編』（江戸川乱歩／春陽堂書店江戸川乱歩文庫／2015）

3月22日

1998年、明石海峡大橋が完成、渡り初《ぞ》めが行われる。

世界最長の吊り橋で、愛称は「パールブリッジ」。

『明石海峡大橋 夢を実現し、さらなるロマンを追う 新版』（島田喜十郎／鹿島《かじま》出版会／2018）

3月23日

1994年、小説家・胡桃沢耕史《くるみざわこうし》死去。

1986年にドラマ化もされた『翔んでる警視』シリーズの著者。ドラマの主演は郷ひろみ。冒険小説も人気だった。

『天山《てんざん》を越えて』（胡桃沢耕史／光文社文庫／2020）

1925年、星辰《せいしん》の位置正しき時。ルルイエが浮上する（小説『クトゥルフの呼び声』より）。

「クトゥルフ神話」の代表作の一つ。ラヴクラフトの作品世界が大系化された際「クトゥルフ神話」という名前になったのは『クトゥルフの呼び声』という作品の影響が大きい。

『インスマスの影　クトゥルー神話傑作選』（H・P・ラヴクラフト著、南條竹則訳／新潮文庫／2019）

3月24日

映画「海燕《かいえん》ホテル・ブルー」公開（2012年）。

船戸与一《ふなどよいち》の同名小説を、旧友である若松孝二監督が映画化。

『若松孝二 海燕ホテル・ブルー』（若松孝二監修／游学社《ゆうがくしゃ》／2012）

3月25日

1995年、ウォード・カニンガムが世界初となるウィキサイト「WikiWikiWeb」を開設する。

『知識の社会史 2 百科全書からウィキペディアまで』（ピーター・バーク著、井山弘幸訳／新曜社／2015）

3月26日

3月27日

1964年、突如、緑色の火星人が大挙して地球に現れる（フレドリック・ブラウン『火星人ゴーホーム』より）。

H・G・ウェルズの『宇宙戦争』のパロディで、風刺ユーモアSF。残念ながら現在入手困難。

『宇宙戦争　完訳版』（H・G・ウェルズ著、雨沢泰《あめざわやすし》訳／偕成社文庫／2005）

2004年、角川春樹、国立劇場で能を舞う（荒俣宏『帝都物語』より）。

業界のアウトロー・角川春樹が能を舞う。この絵面だけでお腹いっぱい。

『帝都物語　第六番』（荒俣宏／角川文庫／1995）

3月28日

シルクロードの日。1900年、スウェーデンの探検家スウェン・ヘディンによって、廃墟となっていた古代都市・楼蘭《ろうらん》が発見された。

―『シルクロードとローマ帝国の興亡』(井上文《ふみ》則《のり》/文春新書/2021)

3月29日

八百屋お七の日。

天和3(1683)年、恋人を想うあまり放火した八百屋の娘・お七が火刑に処されたことに由来。

―『マンガ日本の古典24巻 好色五人女』(牧 美也子著、西鶴原作/中公文庫/2001)

3月31日

オーケストラの日。

高校オーケストラ部の青春を描いたマンガが熱い。

『青のオーケストラ（1）』（阿久井 真《まこと》／裏サンデーコミックス／2017）

《書店員9to5》

③お客様のお昼とぼくらのお昼

お昼前になると遅番スタッフが出勤し、スタッフ全員が揃うこととなる。そのためか、常連さんたちの来店率が高くなるのもこのころだ。目当ての新刊を探しにくる方、「何か」面白い本がないか探しにくる方、ただ喋りにくる方等々。必然的に我々のトークスキルが炸裂することとなる。常連さんとの他愛もない世間話や雑談の中にはお客様の好みが隠されており、その中から好みのジャンルや作家を見つけ出し、次のおすすめ（販売）につなげていく。決してサボって井戸端会議をしているわけではないのです。

そういった波がひと段落するとお昼休憩となるわけだが、うちの店にはバックルームがないため外でとることになる。近くの店で食事をし、喫茶店でコーヒーを飲んで店に戻るのがいつものパターン。ただ、いつも同じでは飽きがくる。気候が良い時は近くの広場で弁当やパンを食べながら本を読むのだが、これがなかなかに気持ちが良い。これで気分転換もでき、午後からの仕事も捗《はかど》るというものである。

この頃
書店で
起きること

4月

April　卯月

NHKの講座がリニューアルされる。新講座やテキストが変わるものなど要チェックである。今一番本が売れる文学賞「本屋大賞」の発表がある月でもある。

4月1日

年不詳、ぐりとぐら、くるりくらに会う。

『ぐりとぐらとくるりくら』（なかがわりえこ作、やまわきゆりこ絵／福音館《ふくいんかん》書店／1992）

4月2日

1904年、ラフカディオ・ハーン（小泉八雲《やくも》）がアメリカで『怪談（Kwaidan）』を刊行。

――小泉八雲が日本生まれじゃなかったと知った時の衝撃。

『怪談』（ラフカディオ・ハーン著、南條竹則訳／光文社古典新訳文庫／2018）

4月3日

1971年、
マスクドライダー計画始動（特撮「仮面ライダーカブト」より）。

『小説仮面ライダーカブト』（石ノ森章太郎原作、米村《よねむら》正二《しょうじ》著／講談社キャラクター文庫／2012）

4月4日

1998年、プロレスラーのアントニオ猪木が
現役引退。

漫画『浦安鉄筋家族』にはアントニオ猪木がモデルの「国会議員」というキャラクターが登場する。

『よりぬき！浦安鉄筋家族　5巻・国会議員編』（浜岡賢次／チャンピオンコミックス／2013）

4月5日

１９２７年、神戸の総合商社「鈴木商店」、内外新規取引の停止を発表、解散に至る。

鈴木商店の女主人・鈴木よねの生涯を描いた作品に『お家さん』がある。

『お家さん』（玉岡かおる／新潮文庫／上下とも２０１０）

4月6日

１９４３年、サン＝テグジュペリの小説『星の王子さま』の初版がニューヨークで刊行される。

２００５年1月22日に著作権保護期間が満了となり、さまざまな出版社から新訳が刊行された。新訳を何種類か読んだが、やっぱり最初に出た岩波書店の内藤訳が一番好きだ。

―『星の王子さま　オリジナル版』（サン＝テグジュペリ著、内藤 濯《あろう》訳／岩波書店／2000）

4月7日

2003年、科学省の天馬牛太郎《てんまうしたろう》長官、交通事故で死んだ息子・飛雄《トビオ》そっくりのロボットを誕生させる。

―『鉄腕アトム　1』（手塚治虫／講談社手塚治虫文庫全集／2009）

4月8日

1959年、「週刊文春」創刊。

―『獲る・守る・稼ぐ 週刊文春「危機突破」リーダー論』（新谷《しんたに》学／光文社／2021）

4月9日

2010年、作家・井上ひさし死去。
著作『十二人の手紙』は隠れた名作ミステリ。

―『十二人の手紙』（井上ひさし／中公文庫／2009）

4月10日

年不明、五河士道《いつかしどう》が精霊の1人と出会う
（ライトノベル『デート・ア・ライブ』より）。

―『デート・ア・ライブ　十香《とおか》デッドエンド』（橘公司《こうし》／富士見ファンタジア文庫／2011）

4月11日

1939年、ミステリ作家、S・S・ヴァン・ダイン死去。

最近流行りのゆるいミステリーに辟易《へきえき》している方にオススメの作家。

『僧正殺人事件』（S・S・ヴァン・ダイン著、日暮雅通《ひぐらしまさみち》訳／創元推理文庫／2010）

4月12日

1950年、小説家・藤田宜永《よしなが》生まれる。

藤田宜永が新刊のプロモーションで神戸に来た際、「書店員と飲みに行きたいと言っているんですが、ご一緒しませんか？」と出版社の営業から誘われお会いした。長髪、サングラス、ライダースにウェスタンブーツとロッカーのような出《い》で立ちが印象的だった。また、年賀状を出せば返事をくれる律儀な方でもあった。

―『愛の領分』（藤田宜永／文春文庫／2004）

4月13日

「決闘の日」。宮本武蔵と佐々木小次郎の決闘が巌流島で行われたことから。

―『バガボンド』はどうなった?
『バガボンド　37』（井上雄彦《たけひこ》／モーニングKC／2014）

4月14日

1964年、生物学者、レイチェル・カーソン死去。

―『センス・オブ・ワンダー』（レイチェル・カーソン著、上遠《かみとお》恵子訳／新潮文庫／2021）

4月15日

1927年、
小説家、ガストン・ルルー死去。

ルルーといえば『オペラ座の怪人』だが、『黄色い部屋の謎』も密室殺人ものの古典的名作として知られている。

『オペラ座の怪人』（ガストン・ルルー著、三輪《みわ》秀彦訳／創元推理文庫／1987）
『黄色い部屋の謎』（ガストン・ルルー著、平岡 敦《あつし》訳／創元推理文庫／2020）

4月16日

1983年4月16日（土）、
芳山和子は掃除後一人で理科教室にいるときに、

ラベンダーの香りを嗅いで倒れてしまう。
1994年4月16日（土）、
芳山和子は廊下で青年とすれ違うが、
深町一夫であることに気づかない（映画「時をかける少女」より）。

―地元の大物ＳＦ作家・筒井康隆が書いたジュブナイル小説。
『時をかける少女』（筒井康隆／角川文庫／2006）

4月17日

1954年、高見沢俊彦生まれる。
最新小説『秘める恋、守る愛』発売中。

―黒板に書いたのは2020年。丁度、ＴＨＥ ＡＬＦＥＥの高見沢が新刊を出したタイミングだったのでチョイス。

『秘める恋、守る愛』（高見沢俊彦／文藝春秋／2020）

4月18日

200X年、四・一八事件。琵琶湖に地球外生命体・アポストリが乗る宇宙船が落下し、日本との間で戦闘が勃発。講和までに日本側は200万人の犠牲を被《こうむ》る（小説『葉桜が来た夏』より）。

2019年にアニメ化された『ガーリー・エアフォース』の著者による、滋賀県を舞台にした近未来ボーイ・ミーツ・ガール。面白い作品なのだが、現在入手困難。

『ガーリー・エアフォース』（夏海《なつみ》公司／電撃文庫／2014）

4月19日

2009年、小説家J・G・バラード死去。

『結晶世界』ほど世界の終わりを美しく描いた作品を他に読んだことがない。有川浩『塩の街』や伊坂幸太郎『終末のフール』が好きな方にオススメ。

『結晶世界』（J・G・バラード著、中村保男《やすお》訳／創元SF文庫／1992）

4月20日

1914年、朝日新聞で夏目漱石の小説「心　先生の遺書」（後に『こゝろ』に改題）が連載開始。

今でもよく高校生の課題になる作品。課題をこなすのにもってこいの1冊がこれ。

『こころ　夏目漱石　あなたは、真面目ですか』（姜尚中《かんさんじゅん》／NHK出版／2014）

4月21日

1963年、SF作家・菅浩江《すがひろえ》生まれる。

未来の博物館の学芸員の仕事を描いた珍しいSF作品で、日本推理作家協会賞と星雲賞をダブル受賞。

――『永遠の森　博物館惑星』（菅浩江／ハヤカワ文庫JA／2004）

4月22日

年不明、うしおたちと白面《はくめん》の者との戦いが終結（マンガ『うしおととら』より）。

――『うしおととら　19』（藤田和日郎《かずひろ》／小学館文庫／2016）

4月23日

「子ども読書の日」みんな家で本を読みましょう！

『児童図書館の先駆者たち アメリカ・日本』（東京子ども図書館編纂／東京子ども図書館／2021）

4月24日

1963年、少女マンガ雑誌「週刊マーガレット」が創刊。

「別冊マーガレット」で連載していたくらもちふさこのアシスタントをしていた著者が描く少女マンガの裏側。

『薔薇《ばら》はシュラバで生まれる 70年代少女漫画アシスタント奮闘記』（笹生那実《さそうなみ》／イースト・プレス／2020）

4月26日

1959年、ミステリ作家・有栖川《ありすがわ》有栖《ありす》生まれる。

作風は前期エラリー・クイーンの影響が色濃い。

『カナダ金貨の謎』（有栖川有栖／講談社文庫／2021）

4月27日

明治28年、押絵と旅する男の兄が、押絵の世界に入ってしまう（江戸川乱歩『押絵と旅する男』より）。

短編だが見方によって解釈が変わる奥深さがある作品。乱歩は推理ものしか知らないという方に読んでほしい。乱歩の印象が変わります。『屋根裏の散歩者』に収録。

『屋根裏の散歩者 他六編』（江戸川乱歩／春陽堂書店江戸川乱歩文庫／2015）

4月28日

１９６Ｘ年、午前10時26分、物体Ｏ落下。

『物体Ｏ』は外界と遮断された内側の物語、『首都消失』はその外側と、対照的ではあるが相似点がある。

「物体Ｏ」は『日本ＳＦ傑作選 ２ 小松左京』に収録（日下三蔵編／ハヤカワ文庫ＪＡ／２０１７）
『首都消失』（小松左京／ハルキ文庫／上下とも１９９８）

4月29日

１９８０年、サスペンス映画の神様と呼ばれたアルフレッド・ヒッチコックが死去。

1899年生まれ満80歳没。

ヒッチコック作品の「鳥」と「レベッカ」はデュ・モーリアの小説が原作。

『鳥　デュ・モーリア傑作集』(ダフネ・デュ・モーリア著、務台夏子訳/創元推理文庫/2000)

『レベッカ』(デュ・モーリア著、茅《ち》野《の》美《み》ど里《り》訳/新潮文庫/上下とも2008)

4月30日

「ヴァルプルギスの夜」。主に北欧や中欧で行われる春を祝う「五月祭」の前夜祭。

「ヴァルプルギスの夜」に触発された作品にトーマス・マンの『魔の山』がある。

『魔の山』(トーマス・マン著、高橋義孝訳/新潮文庫/上下とも2005)

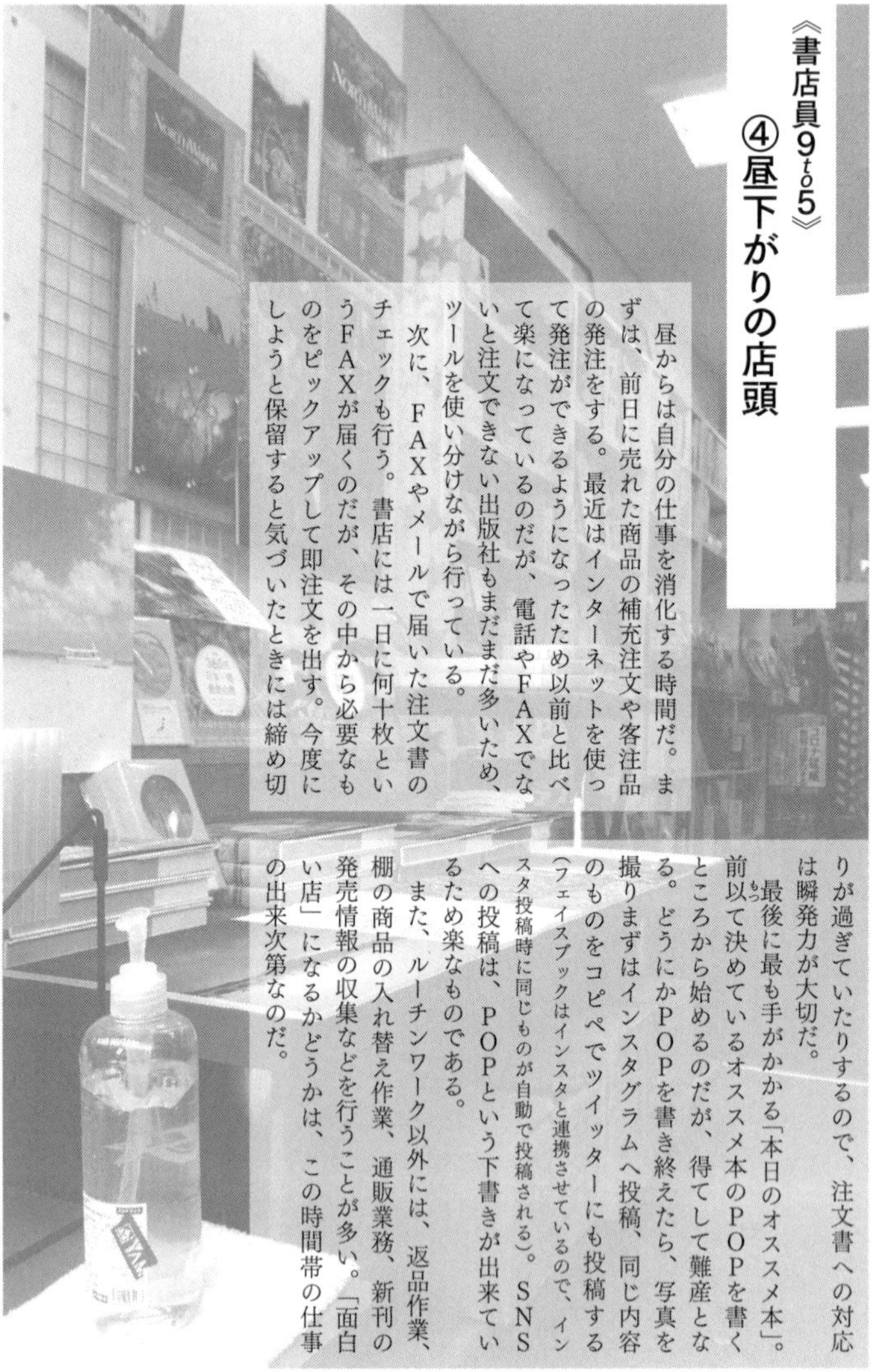

《書店員9to5》
④昼下がりの店頭

昼からは自分の仕事を消化する時間だ。まずは、前日に売れた商品の補充注文や客注品の発注をする。最近はインターネットを使って発注ができるようになったため以前と比べて楽になっているのだが、電話やＦＡＸでないと注文できない出版社もまだまだ多いため、ツールを使い分けながら行っている。

次に、ＦＡＸやメールで届いた注文書のチェックも行う。書店には一日に何十枚というＦＡＸが届くのだが、その中から必要なものをピックアップして即注文を出す。今度にしようと保留すると気づいたときには締め切りが過ぎていたりするので、注文書への対応は瞬発力が大切だ。

最後に最も手がかかる「本日のオススメ本」。前以《もっ》て決めているオススメ本のＰＯＰを書くところから始めるのだが、得てして難産となる。どうにかＰＯＰを書き終えたら、写真を撮りまずはインスタグラムへ投稿、同じ内容のものをコピペでツイッターにも投稿する（フェイスブックはインスタと連携させているので、インスタ投稿時に同じものが自動で投稿される）。ＳＮＳへの投稿は、ＰＯＰという下書きが出来ているため楽なものである。

また、ルーチンワーク以外には、返品作業、棚の商品の入れ替え作業、通販業務、新刊の発売情報の収集などを行うことが多い。「面白い店」になるかどうかは、この時間帯の仕事の出来次第なのだ。

5月

May　皐月

ゴールデンウィーク―店はやっているが流通が止まる地獄の期間その1。この期間は送品が止まるだけでなく、問屋と出版社が休みとなるため発注や問い合わせもできない。客注品の受注に気を使う月。

この頃
書店で
起きること

5月1日

1994年、F1ドライバーのアイルトン・セナがサンマリノGP決勝で事故死。

この頃のホンダF1を題材にしたノンフィクション『F1地上の夢』（海老沢泰久《やすひさ》／朝日文芸文庫／1993）があるが、現在は入手困難。

『確信犯　アイルトン・セナ』（レオ・トゥッリーニ著、天野久樹訳／三栄書房／2015）

5月2日

1998年、ホグワーツの戦いが起こる。

『ハリー・ポッターと死の秘宝　7-1』（J・K・ローリング作、松岡佑子《ゆうこ》訳／静山社《せいざんしゃ》文庫／2013）

5月3日

年不明、都内各地で無差別爆弾事件が発生。

『名探偵コナン　時計じかけの摩天楼　劇場版』（青山剛昌《ごうしょう》原作、阿部ゆたか作画、丸伝次郎作画／少年サンデーコミックス／2014）

5月4日

1891年、ホームズとモリアーティーがライヘンバッハの滝の岩棚で対峙

（コナン・ドイル「最後の事件」より）。

『シャーロック・ホームズの思い出』に収録されている短編。
『シャーロック・ホームズの思い出』（コナン・ドイル著、延原謙訳／新潮文庫／2010）

5月5日

2001年、進藤ヒカルに憑依《ひょうい》していた藤原佐為《ふじわらのさい》の霊が成仏し、現世を離れる（マンガ『ヒカルの碁』より）。

小・中学生の囲碁人口が爆発的に増えるきっかけとなった作品。プロ棋士の関達也《せきたつや》三段も『ヒカルの碁』を読み囲碁を始めた。

『ヒカルの碁　17巻』（ほったゆみ原作、小畑《おばた》　健《たけし》漫画、梅沢由香里監修／ジャンプコミックス／2002）

5月6日

1709年、ガリヴァア、ラグナグ国を出発。

日本のザモスキ（観音崎とされる）に向かう

（ジョナサン・スウィフト『ガリヴァ旅行記』より）。

——子供のころに知っていた話は小人の国の話だけだったが、原作には巨人の国やSFっぽい話などもある。

『ガリヴァ旅行記』（スウィフト著、中野好夫訳／新潮文庫／1992）

5月7日

年不明、有栖川有栖、講義中に書いていた小説をきっかけに火村英生《ひむらひでお》と出会い、一緒にカレーを食べる

（小説『探偵、青の時代』より）。

——『菩提樹荘の殺人』に収録の短編。

『菩提樹荘の殺人』（有栖川有栖／文春文庫／2016）

5月8日

1973年、漫画家・荒川弘《ひろむ》生まれる。

『鋼《はがね》の錬金術師』は死生観や人間の定義といったものがベースにあるダークファンタジーだが、暗くなりすぎないように描かれているため、ファンタジーに暗いイメージを持っている方に読んでほしい。

『鋼の錬金術師 完全版 01』（荒川弘／ガンガンコミックスデラックス／2011）

5月9日

1900年、澁澤榮一が男爵になる。

大河ドラマもあったので。榮一は1931（昭和6）年、91歳まで長生きした。

『渋沢家三代』（佐野眞一／文春新書／1998）

5月10日

1966年、漫画家・樋口大輔生まれる。

『ホイッスル！』はサッカーマンガの名作です。

『ホイッスル！ 1』（樋口大輔／集英社文庫コミック版／2006）

5月11日

朔太郎《さくたろう》忌。大正・昭和期の詩人萩原《はぎわら》朔太郎の1942年の忌日。

ギター、マンドリン、カメラ、手品と幅広い趣味を持っていたらしい。大のミステリファンでもあり、乱歩の『人間椅子』や『パノラマ島綺譚《きたん》』を称賛した。

『萩原朔太郎　ちくま日本文学』（萩原朔太郎／ちくま文庫／2009）

5月12日

１９６８年、小説家・柚月裕子《ゆづきゆうこ》生まれる。

著者近影を拝見したとき、『孤狼の血』の作風とのギャップに驚いた。

『孤狼の血』（柚月裕子／角川文庫／２０１８）

5月13日

１９３８年、ＳＦ作家・平井和正生まれる。

『幻魔大戦』の復刊を望む！

『日本ＳＦ傑作選　４　平井和正』（日下三蔵編／ハヤカワ文庫ＪＡ／２０１８）

5月15日

1977年、「コロコロコミック」創刊。

『コロコロコミックのひみつ 公式ファンブック』(キッチ師範代、コロコロ公式ファンブック制作チーム編/小学館/2019)

5月16日

「旅の日」。松尾芭蕉《ばしょう》が奥の細道に旅立った日にちなんで。

中公文庫のマンガ版が入門にはちょうどいい。描いているのは『釣りキチ三平《さんぺい》』の矢口高雄。

『マンガ日本の古典25巻 奥の細道』(矢口高雄著、松尾芭蕉原作/中公文庫/2001)

5月17日

1951(昭和26)年、金田一耕助が修善寺《しゅぜんじ》のホテル松籟《しょうらい》荘に投宿(横溝正史『女王蜂』より)。

何回か横溝ネタを投稿していたら、作品の聖地巡礼をされている横溝マニアの方が来店された。うちの店の文庫棚に横溝作品が全点並んでいることに興奮されていた。

『女王蜂』(横溝正史/角川文庫/1990)

5月19日

1910年、野比のび太の曽祖父のび吉《きち》、76年後の子孫宛に巻物を記す(藤子・F・不二雄『ドラえもん』「ハリーのしっぽ」より)。

5月20日

1927年、チャールズ・リンドバーグは史上初の大西洋横断飛行のためスピリット・オブ・セントルイス号に乗りニューヨークを出発。翌日パリに到着。

―『ドラえもん 第33巻』（藤子・F・不二雄／てんとう虫コミックス／1990）

リンドバーグ自身がこの時のことを書いた『翼よ、あれがパリの灯だ』は、ピューリッツア賞を受賞している。

―『リンドバーグ第二次大戦日記 上』（チャールズ・A・リンドバーグ著、新庄哲夫訳／角川ソフィア文庫／2016）

5月21日

1930年、作家・半藤一利《かずとし》生まれる。

—『別冊太陽　半藤一利　歴史とともに生きる』（平凡社／2021）

5月22日

1483年のこの日（旧暦文明15年4月16日）、八犬士が集結する（曲亭馬琴《きょくていばきん》『南総《なんそう》里見八犬伝』より）。

八犬伝は世代によって読んだもの、見たものが異なる。NHK人形劇の人もいるだろう。私の世代では映画化もされた鎌田敏夫の『新・里見八犬伝』。

—『新・里見八犬伝』（鎌田敏夫／ハルキ文庫／上下とも2021）

5月23日

年不明、島村と駒子が初めて出会う（川端康成『雪国』より）。

―『雪国』（川端康成／新潮文庫／2006）

5月24日

1954年、ジェームズ・ボンドは大富豪ヒューゴー・ドラックスとブリッジで対決。イカサマを見破り1万5000ポンドを巻き上げる

（小説『007／ムーンレイカー』第1部より）。

―映画版に登場した殺し屋・ジョーズがいいキャラクターだった。

『007／ムーンレイカー』（イアン・フレミング著、井上一夫訳／創元推理文庫／1981）

5月25日

1978年、御手洗潔《みたらいきよし》、石岡和己《かずみ》と出会う（島田荘司『異邦の騎士』より）。

島田荘司の最初の執筆作品だったが、デビュー作としてのインパクトに欠けるため、2作目もしくは3作目が適当と考えられたことから出版を遅らせた経緯がある。

『異邦の騎士 改訂完全版』（島田荘司／講談社文庫／1998）

5月26日

1897年、ブラム・ストーカーの小説『ドラキュラ』発行。

『吸血鬼ドラキュラ』（ブラム・ストーカー著、平井呈一《ていいち》訳／創元推理文庫／1979）

5月27日

１９８６年、ファミリーコンピュータ用ソフト
「ドラゴンクエスト」発売。

休みの日は一日中コントローラーを握っていた記憶が。

『文学としてのドラゴンクエスト　日本とドラクエの30年史』（さやわか／コア新書／２０１６）

5月28日

２０１７年、
第１０１回インディアナポリス５００マイル
決勝レースにて、佐藤琢磨（アンドレッティ・オートスポーツ）が

アジア人として初の優勝。

―モータースポーツの地位が低い日本では大きく扱われないがすごいことである。

『インディ５００　全１０１レース大会の記録　１９１１‐２０１７』（林信次《しんじ》／三樹《みき》書房／２０１８）

5月29日

白櫻《はくおう》忌／晶子《あきこ》忌。歌人・与謝野《よさの》晶子の忌日。

―『みだれ髪』（与謝野晶子／新潮文庫／２０００）

5月30日

１９２２年、ＳＦ作家・ハル・クレメント生まれる。

―クレメントが作り上げた異星人や生態系、惑星そのものをデザインする手法は、のちのハードＳＦに大きな影響を与えている。

『重力への挑戦』（ハル・クレメント著、井上勇《いさむ》訳／創元SF文庫／２０１９）

5月31日

１８９０年、ナディア達がタルテソス王国の遺跡に着く。ナディアがアトランティス人であることも、ナディアの誕生日（１８７５年）であることも分かる

（アニメ「ふしぎの海のナディア」より）。

ヴェルヌの『海底二万里《り》』および『神秘の島』が原案となっている。

『神秘の島　第1部』（ジュール・ヴェルヌ著、大友徳明《のりあき》訳／偕成社文庫／２００４）

《書店員9to5》⑤カウンターの中での仕事

カウンター内ではレジ業務以外に、「ブックカバー折り」と「紐を結ぶ」という作業がある。雑誌の付録付け同様これも知られていないようだが、ブックカバーもスタッフが折って作っている。うちの店で使用しているブックカバーは文庫用、新書用、青年コミック用、ソフトカバー単行本用、ハードカバー単行本用、A5判用の6種類。カウンター下にすべてのブックカバーを折った状態でストックしているのだが、少なくなってくるとスタッフがせっせと折って作るのだ。このサイズはここで折るといった大体の目安はあるのだが、同じ判型でも出版社によって微妙に大きさが異なるため一番大きなサイズに合わせて折る必要がある。例えば、講談社文庫や角川文庫は背が低く、文春文庫や集英社文庫はそれらに比べると背が高いためこちらに合わせて折る、といった感じだ（ハヤカワ文庫は一般の文庫の規格よりも大きいサイズであるため基準にはしない）。本を買ったときにつけてもらったブックカバーが本よりも大きかったりする理由はここにある。ほかの判型も同じような感じなので、興味がある方は店頭で比べてみてはいかがだろうか。

もうひとつは、付録付きの雑誌などにかける「紐」を用意するための作業だ。雑誌が納品された時に使われているビニール紐を結び目のところで切り保管しておき、手の空いた時に結んでつなげて長い1本の紐を作っておく。これを使い雑誌に紐かけを行い、販売したときには回収してまた結んで使う。本屋は、「返品」ができる委託販売商品が多く利幅の薄い商売であるため、消耗品にはできるだけ経費をかけたくない。そのため、使えるものは何でも再利用しているわけだ。昔ながらのまちの本屋ではどこでも行っていたが、チェーン店ばかりになった今ではあまり目にすることもなくなった作業かもしれない。

どちらも地味で肩の凝る作業だが、やっておかなければ困る大切な仕事なのだ。

この頃書店で起きること

6月

June　水無月

夏フェアの準備に取り掛かる。当店では「ナツ●●」や「●●●ブン」や「●●文庫の１００冊」といった出版社発のフェアは展開せずに、私以外のスタッフ３人がひとり10冊、私が20冊選書をし、合計50冊で夏のフェアとしている。タイトルは、「夏の流泉選書・既存のフェアをぶっ飛ばせ!!」。真っ向勝負、喧嘩上等である。

6月1日

宇宙暦800年、ラインハルト皇帝との会談に向かう途中、地球教徒のテロリストに襲撃されヤン・ウェンリー死亡（田中芳樹『銀河英雄伝説』より）。

銀英伝におけるヤン・ウェンリーの死は周知の事実と思い込んで掲示したが、お客様より「今読んでいて、直前で壮大なネタバレを食らいました」とお叱りを受けた。これ以降、物語の導入部分や差しさわりのないものを選ぶように心がけている。

『銀河英雄伝説 8 乱離篇』（田中芳樹／創元SF文庫／2008）

6月2日

2012年、

映画「外事警察 その男に騙されるな」公開。

公安ものの中でもピカ一の面白さ。

『外事警察』（麻生幾《いく》／幻冬舎文庫／2012）

6月3日

1890年、リヴァプール中央駅発ロンドン行の臨時列車が、次の停車駅マンチェスター駅との間で消失してしまう（コナン・ドイル「消えた臨急」より）。

この作品も『時計だらけの男』同様、ホームズの登場はないが、ホームズシリーズのスピンオフとされている。

『ドイル傑作集 I ミステリー編』（コナン・ドイル著、延原謙訳／新潮文庫／2006）

6月4日

1928年、満州の軍閥指導者・張作霖《ちょうさくりん》が乗った列車が爆破された。

満州は現在の中国東北部（もともとは民族名）。英語で書くとManchuria, カタカナで書くとマンチュリア。

『マンチュリアン・リポート』（浅田次郎／講談社文庫／2013）

6月5日

1832年、ラマルク将軍の死にともない、パリのラ・シャンブルリー通りにて共和派の秘密結社「ABC《アベセー》の友」のメンバーら

50名が暴動を起こす（小説『レ・ミゼラブル』より）。

——『レ・ミゼラブル４』（ユゴー著、佐藤朔《さく》訳／新潮文庫／２０１２）

6月6日

１９１２年、小説家・新田《にった》次郎生まれる。

神戸ゆかりの登山家・加藤文太郎《ぶんたろう》の生涯を題材とした『孤高の人』は、ひとりで何かをやろうと思っている人にオススメ。

——『孤高の人』（新田次郎／新潮文庫／上下ともに２００９）

6月7日

１９６０年、漫画家・荒木飛呂彦《ひろひこ》生まれる。

30年以上続く『ジョジョの奇妙な冒険』の作者。2021年、第8部『ジョジョリオン』が完結した。

『ジョジョリオン　27巻』（荒木飛呂彦／ジャンプコミックス／2021）

6月8日

1910年、SF作家、ジョン・W・キャンベル生まれる。

著作『影が行く』はSFホラー映画「遊星からの物体X」の原作として有名。

『影が行く　ホラーSF傑作選』（P・K・ディックほか著、中村融《とおる》編訳／創元SF文庫／2000）

6月9日

柳田邦男（1936）、ジョー・ホールドマン（1943）、

6月10日

パトリシア・コーンウェル（１９５６）、有川ひろ（１９７２）の誕生日。

ライトノベル出身の有川ひろは文章が読みやすく、学生さんにもよくオススメしている。

『みとりねこ』（有川ひろ／講談社／２０２１）

「時の記念日」。２０２０年に１００周年を迎えた。

当店のお隣、明石市は東経１３５度子午線が通る「日本標準時のまち」。

『あかし本　時のまちを創る　海のまちに生きる』（神戸新聞明石総局編／ペンコム／２０１７）

6月11日

作家ロバート・Ｅ・ハワード死去。

怪奇幻想小説とアクションヒーローものを融合した「ヒロイック・ファンタジー」の生みの親。

『失われた者たちの谷　ハワード怪奇傑作集』（ロバート・Ｅ・ハワード著、中村融訳／アトリエサード／２０１５）

6月12日

２０１６年、レプリカントのゾーラが製造される

（映画「ブレードランナー」より）。

名前がまったく違う原作はハヤカワ文庫。

『アンドロイドは電気羊の夢を見るか？』（フィリップ・Ｋ・ディック著、浅倉久志訳／ハヤカワ文庫ＳＦ／１９７７）

6月13日

1893年、ミステリ作家ドロシー・L・セイヤーズ生まれる。

アガサ・クリスティー、ナイオ・マーシュ、マージェリー・アリンガムと並んで「英国女流推理作家ビッグ4」と称される。代表作は貴族探偵「ピーター・ウィムジイ卿」シリーズ。

『ピーター卿の事件簿』（ドロシー・L・セイヤーズ著、宇野利泰訳／創元推理文庫／2017）

6月14日

1910年、柳田國男の『遠野物語』初版350部が刊行。

読みやすい現代文訳と柳田の原文、その両方を収録した読んで楽しい「リミックス版」が出ている（当時と今が比較できる遠野の地図も載っている）。

『遠野物語 remix』（京極夏彦、柳田國男著／角川ソフィア文庫／２０１４）

6月15日

１９９５年、首都圏対凶悪犯罪特殊武装機動特捜班、警視庁通達第２０９号によって解体を決定（映画『紅《あか》い眼鏡／The Red Spectacles』より）。

アニメ「うる星《せい》やつら」の人気キャラクター「メガネ」を演じた声優・千葉繁が主演した押井守の初実写監督作品。

『押井守の映画50年50本』（押井守／立東舎《りっとうしゃ》／２０２０）

6月16日

1968年、上杉《うえすぎ》達也、上杉和也誕生。

―『タッチ 完全復刻版BOX 1』（あだち充《みつる》／少年サンデーコミックス／2019）

6月17日

2003年、日本全土にバンパイアウィルスを持つ無数の蚊が放たれ、日本が滅亡して吸血鬼の国になる。

―日本のヴァンパイアコミックの最高峰。『彼岸島 最後の47日間 16』（松本光司《こうじ》／ヤンマガKC／2014）

6月18日

1934年、漫画家・横山光輝《みつてる》生まれる。

神戸市須磨区出身。代表作『鉄人28号』『三国志』『バビル2世』など多数。

神戸市長田区《ながた》には高さ15・5mの鉄人28号モニュメントが立っています。

『鉄人28号 原作完全版 1』（横山光輝著、光《ひかり》プロダクション監修／潮出版社／2005）

6月19日

2036年、宇宙船「スターダスト」がネバダ基地より打ち上げられる

（小説『宇宙英雄ペリー・ローダン』より）。

—SFとしては世界最長のスペースオペラ小説シリーズ。

――2017年よりリブート版の刊行が始まった。

『ローダンNEO スターダスト』（フランク・ボッシュ著、柴田さとみ訳／ハヤカワ文庫SF／2017）

6月20日

1946年、イングリッド・バーグマン主演「カサブランカ」が日本で封切り。

――役者でもある筒井康隆が書いた映画本にも登場する。

『活劇映画と家族』（筒井康隆／講談社現代新書／2021）

6月21日

1924年、名も無き村で夏至祭が行われる

（桜庭一樹『GOSICK』より）。

富士見ミステリー文庫で刊行されていた人気シリーズ。完結前に直木賞を受賞し一般文芸に活躍の場を移したため中断、富士見ミステリー文庫の廃刊などで絶版となっていたが、のちに角川文庫に移籍し完結した。

『GOSICK 2 その罪は名もなき』（桜庭一樹／角川文庫／2009）

6月22日

1903年、作家・山本周五郎生まれる。
1926年、『須磨寺附近』でデビュー。

地元が舞台なので問い合わせを受けることの多い作品。初期の短編を集めた『花杖記《かじょうき》』に収録されている。

『花杖記』（山本周五郎／新潮文庫／2003）

6月23日

1907年、「朝日新聞」で
夏目漱石の「虞美人草《ぐびじんそう》」が連載開始。

―『虞美人草』（夏目漱石／新潮文庫／2010）

6月24日

1842年、
作家アンブローズ・ビアス生まれる。
代表作は「悪魔の辞典」。

―毒が効いていて非常に面白いので未読の方はぜひ。
『新編 悪魔の辞典』（ビアス著、西川正身《まさみ》訳／岩波文庫／1997）

6月25日

昭和2X年、寺田辰也《たつや》が森美也子と八つ墓村へ向けて出発。

――『八つ墓村』（横溝正史／角川文庫／1996）

6月26日

1977年、漫画家・久保帯人《たいと》生まれる。

2016年、連載15年で完結した『BLEACH』の作者。最新作は和風の前作と異なり「裏ロンドン《リバース》」が舞台で主人公は魔女。

――『BURN THE WITCH 1』（久保帯人／ジャンプコミックス／2020）

6月27日

1941年、イギリスのSF作家
ジェイムズ・P・ホーガン誕生。
代表作は「巨人たちの星シリーズ」など。

――シリーズは、『星を継ぐもの』→『ガニメデの優しい巨人』→『巨人たちの星』という順番。

『星を継ぐもの』（J・P・ホーガン著、池央耿《いけひろあき》訳／創元SF文庫／1980）

6月28日

2018年、野球漫画「ドカベン」が連載を終了、
46年の歴史に幕を下ろす。

――『ドカベン　ドリームトーナメント編　34』（水島新司／チャンピオンコミックス／2018）

6月29日

2007年、
SF作家フレッド・セイバーヘーゲン死去。
古代宇宙文明の殺戮機械
「バーサーカー」の生みの親。
以降のSF作品で盛んに用いられるようになる。

2022年にNETFLIXで配信予定のアニメ『スプリガン』にもバーサーカーが登場する。

『スプリガン 1』(たかしげ 宙《ひろし》 原作、皆川亮二作画/小学館文庫/2006)

6月30日

1978年、小説家・柴田錬三郎《れんざぶろう》死去。

『眠狂四郎《ねむりきょうしろう》』『御家人斬九郎《ごけにんざんくろう》』などで剣客《りんかく》ブームを巻き起こした。

『眠狂四郎異端状』（柴田錬三郎／集英社文庫／2013）

《書店員9to5》⑥配達の仕事

昔は店のおっちゃんがバイクや自転車で家まで雑誌なんかを配達してくれたものだが、個人経営の書店が激減した現在ではほとんど見られなくなった。そんな配達を垂水区内限定ではあるが続けている。もともとは、定期購読を承っている近隣の病院、喫茶店、美容室など法人に限っていたが、コロナ禍の昨今、外出が困難になった老人ホームの入居者や一人暮らしのご老人からのご依頼が増えたこともあり、法人配達に便乗する形で個人へも行うようになった。近場は歩きや自転車で、少し離れた場所には原付や車で、私ではなく当社の社長夫人が駆け回っている。

最近は本といっしょに同じ商店街内のパン屋のパンや喫茶店が販売しているお弁当の配達も行っている。これもコロナ禍がきっかけで始めた試みだが、お客様からはご好評いただいている。チェーン店には真似できない、まちの本屋だからこそできるサービスがあるのだ。

7月

July　文月

上半期の芥川賞・直木賞の発表がある。夏休みシーズンに向けての売り場に徐々にシフトしていく月。

この頃書店で起きること

7月1日

1903年、ツール・ド・フランス第1回大会が開幕。7月19日まで。

近藤史恵《ふみえ》の「サクリファイス」シリーズ第5弾『スティグマータ』では、主人公の白石誓《しらいしちかう》がツール・ド・フランスに出場する。

『スティグマータ』（近藤史恵／新潮文庫／2019）

7月2日

3026年、彗星ツイフォンが再び地球に接近し、同日午前8時5分に地球に衝突すると予測されている（特撮テレビ番組「ウルトラマン」より）。

『ウルトラマン 完全版 2』（楳図《うめず》かずお／復刊ドットコム／2016）

7月3日

1990年、七海建人《ななみけんと》生まれる。

漫画『呪術廻戦』のキャラクター。これまた読んだことがないのでどんなキャラか知らない。

『呪術廻戦公式ファンブック』（芥見下々《あくたみげげ》／ジャンプコミックス／2021）

7月4日

2076年、月が地球政府からの独立を宣言

（『月は無慈悲な夜の女王』より）。

2015年頃に映画化の話があったがどうなった?

『月は無慈悲な夜の女王』（ロバート・A・ハインライン著、矢野徹《てつ》訳／ハヤカワ文庫SF／2010）

7月5日

年不明、アーサー・ヘイスティングズ大尉がスタイルズ荘に到着（『スタイルズ荘の怪事件』より）。

クリスティのデビュー作でポアロ初登場作品。すべてはこの作品から始まったのです。

『スタイルズ荘の怪事件』（アガサ・クリスティ著、山田蘭訳／創元推理文庫／2021）

7月6日

「サラダ記念日」。1987年の俵《たわら》万智《まち》の歌集『サラダ記念日』の中にある短歌より。

『サラダ記念日』（俵万智／河出文庫／1989）

7月7日

七夕。毎年この日の夜だけ、織姫と彦星が天の川を渡って逢うことが許されている（七夕の伝説「牛郎織女《ぎゅうろうしょくじょ》」より）。

浅田次郎のエッセイ集に『竜宮城と七夕さま』というものがある。この人はエッセイも面白いのでぜひに。

『竜宮城と七夕さま』（浅田次郎／小学館文庫／２０２０）

7月8日

「チャタレイ事件」。１９５０年、警視庁がD・H・ロレンス作、伊藤整《せい》訳の『チャタレイ夫人の恋人』を猥褻《わいせつ》文書として発禁にする。

現在は約80ページ分の削除箇所を復活させた完訳版で読めます。

『チャタレイ夫人の恋人 完訳』（ロレンス著、伊藤整訳、伊藤礼《れい》補訳／新潮文庫1996）

7月9日

1958年、小説家・鳴海章《なるみしょう》生まれる。

「ゼロ」シリーズなど、航空サスペンス・エンタテインメント小説の書き手として知られる。

『レジェンド・ゼロ1985』（鳴海章／集英社文庫／2021）

7月10日

7月11日

1947年、歌川一馬からの手紙が矢代寸兵に届く。

――坂口安吾が初めて書いた推理小説。「読者への挑戦状」を収録した新潮文庫版がオススメ。『不連続殺人事件』（坂口安吾／新潮文庫／2018）

1968年、「少年ジャンプ」月2回発行誌として創刊。翌年から週刊誌となる。

――『描きたい!! を信じる 少年ジャンプがどうしても伝えたいマンガの描き方』（週刊少年ジャンプ編集部作／集英社／2021）

7月13日

２００３年、辺野古ディストラクション（福井晴敏『亡国のイージス』）。

今ではガンダムの人のようになっているが、もともとは自衛隊系のアクションものが多かった。

『亡国のイージス 上』（福井晴敏／講談社文庫／２００２）

7月14日

１９６２年、小説家・原田マハ生まれる。

男性女性問わず人気のある作家。『キネマの神様』、『総理の夫』が立て続けに映画公開される。小説家・原田宗典《むねのり》はお兄さん。

『キネマの神様』（原田マハ／文春文庫／２０１１）

7月15日

1962年、日本を代表するファンタジー作家・上《う》橋《えはし》菜《な》穂《ほ》子《こ》生まれる。

——綾瀬はるか主演でドラマ化もされた「守《も》り人《びと》」シリーズの作者。デビュー作が30年を経てついに文庫化。

『精霊の木』（上橋菜穂子／新潮文庫／２０１９）

7月16日

1988年、ＡＫＩＲＡが覚醒。第三次世界大戦の引き金となる

（アニメ映画版「ＡＫＩＲＡ」より）。

——大友克洋の緻密な絵と壮大な物語に圧倒された作品。メイ

ンキャラクターの名前のいくつかは『鉄人28号』へのオマージュであるとのこと。

『ＡＫＩＲＡ Ｐａｒｔ１ 鉄雄』（大友克洋／講談社／１９８６）

7月17日

１９６４年、小説家・神坂《かんざか》一《はじめ》生まれる。

『スレイヤーズ』で一躍人気となったライトノベル作家。大のＳＦ好きでもあり、『人工知能の見る夢は ＡＩショートショート集』（文春文庫／２０１７）に「人工知能は闇の炎の幻を見るか」が収録されている。２０１８年には『スレイヤーズ』が18年ぶりに復活。

『スレイヤーズ16』（神坂一／富士見ファンタジア文庫／２０１８）

7月18日

１９２５年、アドルフ・ヒトラーの

『わが闘争』上巻が刊行された。

『わが闘争 完訳 上』(アドルフ・ヒトラー著、平野一郎訳、将積《しょうじゃく》茂《しげる》訳／角川文庫／2001)

7月20日

1876年、北澤楽天《らくてん》生まれる。

明治から昭和にかけて活躍した漫画家で、幼少期の手塚治虫に影響を与えた人物。

『北澤楽天と岡本一平 日本漫画の二人の祖』(竹内一郎／集英社新書／2020)

7月21日

1969年、前日に人類初の月面到達に成功したアポロ11号の月着陸船が月面を出発。

ニール・アームストロング船長の伝記『ファースト・マン』は、本人だけでなく周囲の人物の話や技術的な話も多く読み応えがある。

『ファースト・マン　初めて月に降り立った男、ニール・アームストロングの人生 下』（ジェイムズ・R・ハンセン著、日暮雅通《ひぐらしまさみち》訳、水谷《みずたに》 淳《じゅん》 訳／河出文庫／２０１９）

7月22日

ONE PIECEの日。

１９９７年の連載開始日。連載20周年を記念して２０１７年に集英社が制定。例にもれず、これも読んでいない。

『ＯＮＥ　ＰＩＥＣＥ　巻百』（尾田栄一郎／ジャンプコミックス／２０２１）

7月23日

生年不明、庵野波平《あんのなみへい》生まれる。

美しい風景が印象的な水の星アクアを舞台に綴られた癒し

の物語『ＡＲＩＡ』に登場するキャラクター。

——『ARIA The MASTERPIECE 1 完全版』（天野こずえ／マッグガーデン／２０１６）

7月24日

芥川龍之介の命日。代表作の「河童《かっぱ》」から「河童忌」と呼ばれている。

——『河童・或阿呆《あるあほう》の一生』（芥川龍之介／新潮文庫／２０１２）

7月25日

１９５０年、小説家・安田均《ひとし》生まれる。

神戸に本社を置くクリエイター集団「グループＳＮＥ」代表。ここには、『ロードス島戦記』の水野良《りょう》や『アイの物語』の山本弘も在籍していた。

——『安田均のゲーム紀行１９５０－２０２０』（安田均／新紀元社／２０２０）

7月26日

2004年、小説家・中島らも死去。

エッセイ『僕に踏まれた町と僕が踏まれた町』は何度読んでも面白い。死に様まで「中島らも」だった。

『僕に踏まれた町と僕が踏まれた町』（中島らも／集英社文庫／１９９７）

7月27日

1992年、天文学者・石田五郎死去。

天文台での観測生活を綴った日記なのだが、ロマンティックで星への愛が溢れている。装幀も素敵なので星に興味がある人にはぜひ読んでほしい一冊。

『天文台日記』（石田五郎／中公文庫ＢＩＢＬＩＯ／２００４）

7月28日

「乱歩の日」。江戸川乱歩の命日にちなんで。

『怪人江戸川乱歩のコレクション（とんぼの本）』（平井憲太郎、本多正一《しょういち》、落合教《たか》幸《ゆき》、浜田雄介、近藤ようこ著／新潮社／２０１７）

7月29日

1974年、ドイツの詩人・作家エーリヒ・ケストナー死去。

クリスマス時期には『飛ぶ教室』が読みたくなる。

『飛ぶ教室』（エーリヒ・ケストナー著、池内紀《おさむ》訳／新潮文庫／２０１４）

7月30日

2010年、ネット上の仮想世界「OZ」が、

乗っ取られる（アニメ映画「サマーウォーズ」より）。

―『サマーウォーズ　細田守作品集』（細田守原作、岩井恭平著／汐文《ちょうぶん》社／２０１７）

7月31日

生年不明、宮城リョータ生まれる。

マンガ『ＳＬＡＭ ＤＵＮＫ（スラムダンク）』のキャラクター。ハンデを武器に変えるカッコいい男。

―『ＳＬＡＭ ＤＵＮＫ 完全版 ＃１』（井上雄彦／ジャンプコミックスデラックス／２００１）

《書店員9to5》 ⑦オンラインショップの仕事

以前より店頭でさまざまな著者のサイン本を販売しているのだが、販売経路拡大のため、２０２１年３月よりオンラインショップを開設し通信販売を始めた（books-ryusen.stores.jp）。最近では、数パーセントの販売手数料のみでシステムを提供してくれるところがあるので、比較的簡単にオンラインショップが開設できてしまう。ただ、本屋の利幅を考えると、大手通販サイトのように「送料無料」で発送することなど不可能なため、通常商品を販売するのではなく「送料を支払ってでも購入したいもの」に限定している。

通販での作業は、売れた商品を納品書といっしょにクッション封筒に入れて発送するというたってシンプルなものだが、実際にやってみると思った以上に手間がかかる。

この手間のかかる作業に付け加え、「ブックカバーをつけて送ること」と、「手書きで感謝の言葉をしたためた一筆箋を同封すること」をこだわりとして行っている。ブックカバーは、ただの通販サイトではなく「本屋で買った」ということを感じてもらうために。そして、自分の思いは「手書き」のほうがより伝わると私は考えているため、短くではあるが感謝の気持ちを書き綴っている。一筆箋はお客様からの反応も良くうれしい限りだ。

一日で30件以上発送するときなど、これらの作業だけで一日を終えることもあるが、これだけは続けていこうと誓っているまちの本屋の小さな意地である。

8月

August　葉月

お盆休み――店はやっているが流通が止まる地獄の期間その2。ゴールデンウィーク同様、客注品の受注に気を使う月。来年度の「暦」や「六星占術」が出る月でもある。

この頃
書店で
起きること

8月1日

年不明、茂下町《もしも》で花火大会が開かれ、及川なずなが拾った不思議な玉をきっかけに、島田典道《のりみち》はこの日を何度も繰り返す

（アニメ映画「打ち上げ花火、下から見るか？横から見るか？」より）。

――原作となった岩井俊二監督のテレビドラマは衝撃的だった。

『打ち上げ花火、下から見るか？横から見るか？』（岩井俊二原作、大根《おおね》 仁《ひとし》著、渡辺明夫・DOMOイラスト／角川文庫／２０１７）

8月2日

１９６４年、漫画家・紡木《つむぎ》たく生まれる。

――80年代の作品『ホットロード』が２０１４年に映画化され

て話題となった。

『ホットロード 1』（紡木たく／集英社文庫コミック版／1995）

8月3日

2005年、「8・3抗争」が起きる（漫画『東京卍リベンジャーズ』より）。

とりあえず流行にはのっておくということで。しつこいようだが読んだことはない。

『東京卍リベンジャーズ 1』（和久井健《けん》／少年マガジンKC／2017）

8月4日

1969年、時代劇「水戸黄門」が放送開始。

明治から大正にかけて刊行された立川《たつかわ》文庫の復刊版が現在でも手に入る。

『立川文庫セレクション・水戸黄門』（加藤玉《ぎょく》秀《しゅう》／論創社／２０１９）

8月5日

１９８７年、小説家・澁《しぶ》澤《さわ》龍《たつ》彦《ひこ》死去。

２００３年〜04年にかけて刊行された『ホラー・ドラコニア少女小説集成』（全5冊、版元品切）の装幀がカッコよかった。現在、『ジェローム神父』『菊《きく》燈《とう》台《だい》』『狐《こ》媚《び》記《き》』の3点は平凡社ライブラリー版で読むことができる。

『ジェローム神父　ホラー・ドラコニア少女小説集成』（マルキ・ド・サド著、澁澤龍彦訳、会田誠絵／平凡社ライブラリー／２０１２）
『菊燈台　ホラー・ドラコニア少女小説集成』（澁澤龍彦著、山口晃《あきら》絵／平凡社ライブラリー／２０１２）
『狐媚記　ホラー・ドラコニア少女小説集成』（澁澤龍彦著、鴻《こうの》池《いけ》朋《とも》子《こ》絵／平凡社ライブラリー／２０１２）

8月6日

1975年、さかなクン生まれる。

魚好きの男の子がどうやって「さかなクン」になったのかが描かれた自叙伝が青い鳥文庫になった。これを読んで好きなことを貫く子どもたちが増えてほしい。

『さかなクンの一魚一会《いちぎょいちえ》　まいにち夢中な人生！』（さかなクン作・絵／講談社青い鳥文庫／2021）

8月7日

司馬遼太郎の誕生日。

『文豪ナビ　司馬遼太郎　大きな志。そして小さな日常。』（新潮文庫編／新潮文庫／2021）

8月8日

1998年、夜見山《よみやま》市で咲谷《さきたに》記念館火災事故と

殺人事件が発生し、数名の死傷者を出す（小説『Ａｎｏｔｈｅｒ』より）。

綾辻行人《あやつじゆきと》お得意のホラー、ミステリー、サスペンスを融合させた雰囲気を持つ作品。アニメ化や実写映画化もされた。

『Ａｎｏｔｈｅｒ』（綾辻行人／角川文庫／上下ともに２０１１）

8月9日

１９７４年、ＪＤＣ（日本探偵倶楽部）設立。

清涼院流水《せいりょういんりゅうすい》の推理小説。ＪＤＣの探偵たちが事件を解決していくことから「ＪＤＣシリーズ」と呼ばれている。各作品のタイトルには明記されていない。

『エキストラ・ジョーカー』（清涼院流水原作、蓮見桃衣《はすみとうい》漫画／幻冬舎コミックス漫画文庫／２００９）

8月10日

昭和30年、金田一耕助がおりんと名のる老婆と峠道ですれ違う（横溝正史『悪魔の手毬唄《てまりうた》』より）。

―『悪魔の手毬唄　金田一耕助ファイル12』（横溝正史／角川文庫／１９７１）

8月11日

１９８９年、潜水調査船「しんかい６５００」が三陸沖日本海溝での試験潜航で、最大潜航深度６５２７ｍを記録。

―深海といえば、ドイツでベストセラーとなった海洋冒険小説『深海のＹｒｒ《イール》』（ハヤカワ文庫品切れ）が原作となった海外ドラマが動き出している。木村拓哉が出演することでも話題になっている。

――『ぼくは「しんかい６５００」のパイロット』（吉梅《よしうめ》 剛《つよし》／こぶし書房／２０１３）

8月12日

１９５７年、大和田暁《あきら》の誕生日

（小説・ドラマ「半沢直樹」に登場するキャラクター）。

――『半沢直樹　２　オレたち花のバブル組』（池井戸潤／講談社文庫／２０１９）

8月13日

１９８３年、吉良吉影《きらよしかげ》による
杉本一家惨殺事件が起き、

現場に居合わせた岸辺露伴《ろはん》だけが生還する。

『ジョジョの奇妙な冒険 22 ダイヤモンドは砕けない 5』（荒木飛呂彦／集英社文庫コミック版／2004）

8月15日

1939年、ジュディー・ガーランド主演のファンタジー・ミュージカル映画「オズの魔法使《つかい》」がハリウッドでプレミア上映。

『オズの魔法使い』原作者のデビュー作『魔法がいっぱい！』も楽しい本なのでぜひ読んでほしい。

『魔法がいっぱい！』（ライマン・フランク・ボーム著、佐藤高子訳／ハヤカワ文庫FT／1981）

8月16日

1884年、SF作家ヒューゴー・ガーンズバック生まれる。

SF・ファンタジーの「ヒューゴー賞」はガーンズバックにちなんで名付けられた。アルフレッド・ベスター『破壊された男』が第1回の長編小説部門受賞作。

『破壊された男』（アルフレッド・ベスター著、伊藤典夫訳／ハヤカワ文庫SF／2017）

8月17日

年不明、「エンドレスエイト」が始まる

（小説『涼宮ハルヒの暴走』より）。

―アニメでは8週間にわたりほぼ同じ内容を放送するという

度肝を抜くような構成だった。「ハルヒシリーズ」はＳＦなのだと再確認できるエピソード。

『涼宮ハルヒの暴走』（谷川《たにがわ》 流《ながる》／角川文庫／２０１９）

8月18日

１８７７年、アメリカの天文学者アサフ・ホールが火星の衛星フォボスを発見。約１５０年前に『ガリヴァ旅行記』に書かれた火星の衛星の記述が実物とほぼ同じだったことがわかる。

そしてその１４４年後、火星に住むための研究を子どもから大人までわかりやすく書いた本が出た。

『火星に住むつもりです 二酸化炭素が地球を救う』（村木風海《かずみ》／光文社／２０２１）

8月19日

「バイクの日」。
「819」が「バイク」と読めることから
総務省交通安全対策室が1989年に制定。

バイクに乗って旅をする『モーターサイクル・ダイアリーズ』が読みたくなる日。
『モーターサイクル・ダイアリーズ』（エルネスト・チェ・ゲバラ著、棚橋加奈江訳／角川文庫／2004）

8月20日

1946（昭和21）年、
松下研三が吉祥寺で開催された

刺青《しせい》競艶会を見学する（高木彬光《あきみつ》『刺青殺人事件』より）。

高木彬光のデビュー作で、日本三大名探偵のひとり神津恭介の代表作。「刺青」とは入れ墨のこと。

『刺青殺人事件』（高木彬光／光文社文庫／２０１３）

8月21日

シンセサイザーの生みの親、ロバート・モーグ博士の命日。

シンセサイザーやコンピュータを駆使して作り上げられる楽曲で人気の「ＹＯＡＳＯＢＩ」。歌詞は、ウェブ上で公開されている小説を基に書かれている。その小説を集めた短編集が出ている。

『夜に駆ける ＹＯＡＳＯＢＩ小説集』（星野舞夜《まよ》、いしき蒼太《そうた》、しなの、水上下波《みなかみかなみ》、橋爪駿輝《しゅんき》／双葉文庫／２０２１）

8月22日

２００２年、「ロサンゼルスＢＢ連続殺人事件」の犯人逮捕

マンガ『DEATH NOTE』のスピンオフ小説。西尾維新が手掛けている。

『DEATH NOTE アナザーノート・ロサンゼルスＢＢ連続殺人事件』（大場つぐみ原作、小畑健原作、西尾維新著／集英社／２００６）

8月23日

１９２７年、絵本作家ディック・ブルーナ生まれる。

ミッフィー（うさこちゃん）の生みの親。お父さんがつくった出版社に入社し、装幀家として社会人デビュー。

―『ディック・ブルーナ　ミッフィーと歩いた60年』（森本俊司／文春文庫／２０１９）

8月24日

１９４７年、作家・パウロ・コエーリョ生まれる。

アメリカの大統領からサカナクションの山口一郎まで愛読者が多い作家。羊飼いの少年が旅する物語は、全世界で８５００万部のベストセラーに。

―『アルケミスト　夢を旅した少年』（パウロ・コエーリョ著、山川紘矢《こうや》訳、山川亜希子訳／角川文庫／１９９７）

8月25日

１９８５年、志野リュウジ生まれる。

―サッカーをテーマにした野沢尚《ひさし》の小説『龍時』の主人公。

サッカーシーンが非常にリアルですばらしい作品だったが、著者急逝によりシリーズ未完。文春さん、復刊してくれ！

『龍時 ０１－０２』（野沢 尚／文春文庫／２００４）

8月26日

2002年、マツダ・RX－7（FD3S型）生産終了。

走り屋憧れの車だった。主人公のライバルにして相棒、高橋啓介のこの愛車が活躍する漫画といえば……。

『頭文字《イニシャル》Ｄ １』（しげの秀一／講談社ＫＣデラックス／２０２０）

8月27日

1973年、

8月28日

ボクサー・宮田一郎生まれる。

漫画『はじめの一歩』に登場する人気の高いキャラクター。
主人公・一歩との対戦が見たい！

『はじめの一歩　132』（森川ジョージ／講談社コミックス週刊少年マガジン／2021）

映画監督デヴィッド・フィンチャーの誕生日。
「エイリアン3」で監督デビューし、
「セブン」や「ファイト・クラブ」などを手掛ける。

「ファイト・クラブ」はチャック・パラニュークの小説を映画化したもの。

『ファイト・クラブ』（チャック・パラニューク著、池田真紀子訳／ハヤカワ文庫NV

—／2015）

8月30日

2122年、ドラえもん、ネズミに耳をかじられる。

——そして黄色かったドラえもんは青くなる。
『ドラえもん 11』（藤子・F・不二雄／てんとう虫コミックス／1989）

8月31日

年不明、浅羽直之、園原《そのはら》中学校のプールで伊里谷《いりや》加奈と第三種接近遭遇する

（ライトノベル『イリヤの空、UFOの夏』より）。

異星人と戦う少女と普通の男子中学生の出会いを描いた秋山瑞人《みずひと》のノスタルジックな雰囲気漂うボーイ・ミーツ・ガール。復刊望む！　著者の作品では、短編を収録した『ゼロ年代ＳＦ傑作選』が唯一手に入る。

『ゼロ年代ＳＦ傑作選』（ＳＦマガジン編集部編／ハヤカワ文庫ＪＡ／２０１０）

《書店員9to5》
⑧放課後の店頭

店の前を子どもたちのにぎやかな声が通り過ぎていく。商店街が小学校の通学路となっているため、毎日この声で放課後になったことを知る。ただ、寄り道は厳禁らしいので、ランドセルを背負ったままで店に入ってくる子どもはほとんどいない。そして、当店の客層の中では「学生」が一番少ないため、放課後に特別な賑わいが訪れることもない。

この夕方のまったりとした時間帯は、スタッフ同士でイベントやフェアなどの催事についてのミーティングを行うのに丁度よかったりする。うちの店では出版社発のフェアを仕入れることがほとんどなく、スタッフの趣味趣向が強く反映されたかなり濃いフェアを展開しているため、こういった意見交換の時間がたっぷり必要となる。イベントも然りだ。「他とは違う商品が並んでいる」や「いつも面白いことをやっている」といったお客様の声を聴くため、日々、マニアックでディープな話し合いを楽しんでいる。これが落ち着けば、遅番スタッフの休憩時間だ。夜も近い。

9月

September　長月

来年度の手帳が入荷し始める。
年々早まってきており辟易する。
売り場も秋へと移行する月。

この頃
書店で
起きること

9月1日

1935年、第1回芥川賞・直木賞発表。
芥川賞「蒼《そう》氓《ぼう》」石川達三、
直木賞「鶴《つる》八《はち》鶴次郎」「風流深川唄」「明治一代女」
川口松太郎。

――『鶴八鶴次郎』（川口松太郎／光文社文庫／2017）

9月2日

2145年、L計画開始

（アニメ「蒼穹《そうきゅう》のファフナー RIGHT OF LEFT」より）。

――脚本を冲方丁《うぶかたとう》が担当している。一般的には『天地明察』で知名度を得たが、元はライトノベル出身。様々なゲームやアニメに携わっている。

『蒼穹のファフナー ADOLESCENCE』（冲方丁／ハヤカワ文庫ＪＡ／２０１３）

9月3日

２０２１年、石川梵《ぼん》監督作品『くじらびと』公開。

写真家でもある監督が、インドネシアの小さな漁村ラマレラ村の暮らしと銛《もり》１本でクジラに挑む壮絶な漁を記録したドキュメンタリー。

『鯨人《くじらびと》』（石川梵／集英社新書／２０１１）

9月4日

１９６４年、小説家・津原泰水《つはらやすみ》生まれる。

津原がひきこもりという社会問題を取り上げた作品がある。怪奇、幻想、SFといったジャンルを得意とするだけあり、ジャンル不明のエンターテインメントとなっていて面白い。

『ヒッキーヒッキーシェイク』（津原泰水／ハヤカワ文庫JA／2019）

9月5日

1987年、綾辻行人《あやつじゆきと》『十角館《じゅっかくかん》の殺人』初版発行。

私の人生を変えた作品。この作品に出合っていなければ書店員にはなっていなかったかもしれない。

『十角館の殺人　新装改訂版』（綾辻行人／講談社文庫／2007）

9月6日

9月7日

2200年、宇宙戦艦ヤマトがイスカンダルより地球に帰還（アニメ「宇宙戦艦ヤマト」より）。

『「宇宙戦艦ヤマト」をつくった男 西崎義展の狂気』（牧村康正著、山田哲久著／講談社＋α文庫／２０１７）

1962年、小説家・吉川英治《えいじ》死去。

歴史をテーマにした大衆小説を執筆し「国民文学作家」と呼ばれた作家。『宮本武蔵』や『三国志』など現在でも人気が高い作品多数あり。

『吉川英治事典』（志村有弘編／勉誠出版／２０１６）

9月8日

193X年、ブルーノ地方検事とサム警視が初めてハムレット荘を訪れる（『Xの悲劇』第1幕第1場より）。

エラリー・クイーンのファンの中でも人気の高い作品。シェイクスピア作品の名を冠したその屋敷に暮らすのは、引退した元名優にして名探偵、ドルリー・レーン。

『Xの悲劇』（エラリー・クイーン著、中村有希《ゆき》訳／創元推理文庫／2019）

9月10日

1978年、水野亜美生まれる。

お客様から子どもに太陽系惑星の英語名を教えるのにセーラームーンのキャラクターを使ったと聞いたことがある。

『美少女戦士セーラームーン 1』（武内直子／講談社漫画文庫 武内直子文庫コレクション／2018）

9月11日

2009年、臼井《うすい》儀人《よしと》死去。

―今も子供に大人気のアニメ「クレヨンしんちゃん」の作者。

『クレヨンしんちゃん大全 2020年増補版』（大山くまお編著、林信行編著、リベロスタイル編著／双葉社／2020）

9月12日

1984年、グリコ・森永事件（森永製菓脅迫事件）。「かい人21面相」がグリコに続いて森永製菓にも脅迫状を送る。

―元神戸新聞記者がこの事件をテーマにして書いた『罪の声』は、第7回山田風太郎賞を受賞している。

『罪の声』（塩田武士／講談社文庫／2019）

9月13日

2000年、セカンドインパクト勃発により人類の半数が死に至る（アニメ『新世紀エヴァンゲリオン』より）。

漫画版が連載されていた頃、コミックス新刊の仕入れは争奪戦だった。返品の出来ない買切り扱いの文学全集を1冊注文するとエヴァの新刊を5冊配本してくれるという抱き合わせ条件に乗るしかなかった。結果、エヴァは完売し文学全集はすべて残るという悲劇。

『シン・エヴァンゲリオン論』（藤田直哉／河出新書／2021）

9月14日

1867年、『資本論』の第一巻初版が刊行される。

こういった難しそうなものはイースト・プレスの『まんがで読破』シリーズがおすすめ。

『まんがで読破 資本論 新版』（マルクス、バラエティ・アートワークス著／イースト・プレス／2020）

9月15日

年不明、秋名山《あきなさん》で藤原拓海（AE86）と高橋涼介（FC3S）がバトルを行う（マンガ『頭文字《イニシャル》D』より）。

走り屋たちのバイブル。バイク乗りには同著者の『バリバリ伝説』がおすすめ。

『バリバリ伝説＆イニシャルD大解剖 しげの秀一の世界 完全保存版』（三栄書房／2018）

9月16日

年不明、キングズ・アボット村のフェラーズ夫人が

死亡する（小説『アクロイド殺し』より）。

「クリスティー作品のオススメは？」と聞かれたら外せない作品。ミステリ小説史上に残る名作。

——『アクロイド殺し』（アガサ・クリスティー著、羽田《はた》詩津子訳／ハヤカワ文庫／2003）

9月17日

1955（昭和30）年、宮本音禰《おとね》が黒川弁護士より遠縁の玄蔵《げんぞう》老人の遺産相続があると告げられる（小説『三つ首塔』第1章より）。

——『三つ首塔』（横溝正史／角川文庫／1979）

9月18日

年不明、パリ発クロイドン行の旅客機
プロメテウス号の機内で乗客のマダム・ジゼルが
死んでいるのが発見される（クリスティー『雲をつかむ死』より）。

——『雲をつかむ死 新訳版』（アガサ・クリスティー著、田中一江《かずえ》訳／ハヤカワ文庫／2020）

9月19日

年不明、「山ねこ」から「かねた一郎」へ
「あした、めんどなさいばんしますから、
おいでんなさい。」と書かれた9月19日付のはがきが届いて物語が始まる（宮沢賢治『どんぐりと山猫』より）。

――発表当時は評価されなかった作品。好きな宮沢賢治の童話のひとつ。左記の文庫に収録。

『注文の多い料理店』（宮沢賢治／新潮文庫／1990）

9月20日

1953年、東京都港区の旧法眼《ほうげん》邸で生首風鈴が発見される（『病院坂の首縊《くびくく》りの家』第1部より）。

――金田一耕助最後の事件。映画の予告編が怖かった。

『病院坂の首縊りの家　上』（横溝正史／角川文庫／1996）

9月21日

生年不明、アルスラーン生まれる。

田中芳樹の大河ファンタジーの主人公。
『王都炎上 アルスラーン戦記 1』（田中芳樹／光文社文庫／2012）

9月22日

2006年、アメリカ海軍に配備されていた戦闘機F－14（トムキャット）が全機退役。

映画「トップガン」でトム・クルーズが搭乗した戦闘機。日本でも様々な作品に登場するがやはり、新谷《しんたに》かおるのマンガ『エリア88』は外せない。
『エリア88 3』（新谷かおる／KADOKAWA MFコミックス／2003）

9月23日

1909年、ガストン・ルルー「オペラ座の怪人」が

日刊紙「ル・ゴロワ」にて連載開始。

——左に挙げたのは小学生向けの抄訳版。監修は「映画 ビリギャル」原作者でもあるカリスマ塾講師。

『オペラ座の怪人』（ガストン・ルルー著、藤木稟《りん》編・訳、景《けい》イラスト、坪田信貴《のぶたか》監修／KADOKAWA／2019）

9月24日

192X年、
月曜日、ローマ劇場で
悪徳弁護士のモンティ・フィールドが毒殺される

（『ローマ帽子の謎』第1部第1節）。

——エラリー・クイーンのデビュー作にして「国名シリーズ」の

第1作。本格探偵小説としての評価が高い作品。

『ローマ帽子の謎』（エラリー・クイーン著、中村有希《ゆき》訳／創元推理文庫／2011）

9月26日

1961年、小説家・歌野晶午《うたのしょうご》生まれる。

デビュー15年目に発表された、この気持ちよくだまされる傑作ミステリは、日本推理作家協会賞と本格ミステリ大賞の2冠を受賞。

『葉桜の季節に君を想うということ』（歌野晶午／文春文庫／2007）

9月27日

1908年、フォード・モーターのピケット工場で

Ｔ型フォードの第１号車が製造される。

世界最初の大衆向け量産車。その車内で起きた密室殺人事件の謎を探る探偵小説を、時間ＳＦを得意とする広瀬正が書いている。

『Ｔ型フォード殺人事件 改訂新版』（広瀬 正／集英社文庫／２００８）

9月28日

２０１９年、映画「エセルとアーネスト ふたりの物語」公開。

名作絵本『スノーマン』の作者が両親のことを描いた物語。

『エセルとアーネスト ふたりの物語』（レイモンド・ブリッグズ著、きたがわしずえ訳／バベルプレス／２０１９）

9月30日

1659年、ロビンソン・クルーソー、無人島に漂着する。

日本のアニメ『家族ロビンソン漂流記　ふしぎな島のフローネ』は、デフォーの『ロビンソン・クルーソー』を下敷きとした二次創作作品『スイスのロビンソン』（岩波文庫上下巻。現在は絶版）という児童文学が原作となっている。

『ロビンソン・クルーソー』（ダニエル・デフォー著、鈴木恵《めぐみ》訳／新潮文庫／2019）

《書店員9to5》
⑨夜に入ってからの店頭

17時以降は、外回りから帰ってきた店長と二人で店頭に立つ。日中あったことなど申し送りを済ませれば夜の仕事の始まりだ。この時間の店頭は、仕事帰りのサラリーマンや習い事帰りの親子などが来店するようになり、夕方までとは違った雰囲気になってくる。また、差し入れ片手にやってくる近くの飲食店の大将など、この時間帯にふらっとくる常連さんも多く、ここでも会話に花が咲く。結果、うちの店員はみな、一日中何かしらしゃべっていることとなる。やはり、「会話」は大事な仕事なのだ。

そして売場の仕事は、翌日の準備へとシフトしていく。翌日入荷予定の雑誌で前号が残っているものを売り場から下げ、最新号用のスペースを確保したり、下げた雑誌を返品したりといった感じだ。次の日の朝の作業が楽になるかどうかは、前日の下準備にかかっているのである。翌日の準備が整いだしたらそろそろ閉店の時間だ。本日もたくさんのご来店ありがとうございました。また明日もお待ちしております。

10月

October　神無月

来年発売の商品の発注が始まりだす。
気分的に年末を通り越して年が明ける。

この頃
書店で
起きること

10月1日

2013年、トム・クランシー死去。

死後も「ジャック・ライアン」「ネットフォース」「オプ・センター」「〈剣《ソード》〉」の各シリーズが、それぞれ新たな著者により書き続けられている。

『暗黒地帯（ダーク・ゾーン）上』（トム・クランシー著、スティーヴ・ピチェニック著、伏見威蕃《いわん》訳／扶桑《ふそう》社ミステリー／2021）

10月2日

1872年、午後8時45分、フィリアス・フォッグらが

80日間世界一周の旅に出発。

子どもに読んでほしい小説だが、現在児童書で新刊で手に入るものがない。読みやすいのは光文社古典新訳文庫版、持っていてかっこいいのは創元SF文庫版。

――『八十日間世界一周 上』（ヴェルヌ著、高野優《ゆう》訳／光文社古典新訳文庫／２００９）

10月3日

「アンパンマンの日」。1988年のこの日、アニメ「それいけ！アンパンマン」の放送が開始されたことを記念し2016年に制定。

――『アンパンマンの遺書』（やなせたかし／岩波現代文庫／２０１３）

10月4日

2014年、書店で検閲に遭遇した笠原郁《いく》を堂上《どうじょう》篤《あつし》三等図書正が見計《みはか》らい権限を行使して助ける、「王子様」との出会いの日（小説『図書館戦争』より）。

―熱いところは熱く、甘いところはただ甘の戦争ものの皮をかぶったラブコメ。

『図書館戦争』（有川浩／角川文庫／2011）

10月5日

1962年、家庭裁判所が仁木《にき》順平に対し民法第30条に基づく失踪宣告を行う（小説『砂の女』より）。

―安部《あべ》公房《こうぼう》の代表作。仁木順平は主人公。民法第30条には、不在者の生死が7年間明らかでないときは、家庭裁判所は、利害関係人の請求により失踪の宣告をすることができる——と書いてある。

『砂の女』（安部公房／新潮文庫／2003）

10月6日

1946年、金田一耕助は清水巡査に不審者と間違われて留置場に翌朝まで閉じ込められる

（小説『獄門島』第3章より）。

俳句を用いた見立て殺人。国内ミステリの最高峰に位置付けられている作品。

『獄門島』（横溝正史／角川文庫／1996）

10月7日

「ミステリー記念日」。１８４９年のこの日に推理小説の先駆者といわれるエドガー・アラン・ポーが亡くなったことに由来。

ミステリ作家・我孫子武丸《あびこたけまる》の誕生日でもある。『殺戮《さつりく》にいたる病』は叙述《じょじゅつ》トリックを用いた現代本格の最高峰といわれるホラー・ミステリ。

『殺戮にいたる病』（我孫子武丸／講談社文庫／２０１７）

10月8日

１９３１年、満州事変。関東軍が錦州《きんしゅう》を爆撃。

奉天《ほうてん》（現在の瀋陽《しんよう》）郊外で起きた柳条湖《りゅうじょうこ》事件から始まった軍事行動が、同じ遼寧《りょうねい》省の西部・錦州へと拡大。敷島家の四兄弟を主人公に日本の敗戦後までを描く全9巻の大作は、冒険小説作家・船戸与一《ふなどよいち》の遺作でもある。

『事変の夜 満州国演義 二』（船戸与一／新潮文庫／２０１５）

10月9日

トラックの日。「ト（10）ラック（9）」の語呂合わせから。全日本トラック協会と47都道府県トラック協会が1992年に制定。

いすゞ自動車のトラック・エルフが異世界召喚されるという一見暴投のようにも感じるライトノベルが存在する。ばかばかしくもなかなかに面白い。いすゞ自動車容認らしい。

『異世界最強トラック召喚、いすゞ・エルフ』（八薙玉造《やなぎたまぞう》／ダッシュエックス文庫／２０１９）

10月10日

大正ＸＸ年、富田《とみた》博士の妻が轢死体《れきしたい》として発見される（江戸川乱歩『一枚の切符』より）。

あまりの出来の良さから海外の推理小説を翻訳したものではないかと掲載誌「新青年」から疑われた名作。江戸川乱歩文庫『心理試験』に収録されている。

『心理試験 他六編』（江戸川乱歩／春陽堂書店江戸川乱歩文庫／２０１５）

10月12日

１９７９年、ダグラス・アダムスの人気シリーズ第１作『銀河ヒッチハイク・ガイド』が刊行。

日本では1982年12月に新潮文庫で刊行。現在は河出文庫から刊行されている。ブリティッシュ・ジョーク満載のバカSFの傑作。2005年には映画も公開された。

『銀河ヒッチハイク・ガイド』（ダグラス・アダムス著、安原和見《やすはらかずみ》訳／河出文庫／2005）

10月13日

1977年、
ルフトハンザ航空181便ハイジャック事件。
スペインのマリョルカ島発フランクフルト行きの
ボーイング737－200型機が
パレスチナ解放人民戦線によってハイジャックされる。

映画「サスペリア」（２０１８年版）で、この事件のニュースがテレビで放送されるシーンがある。「サスペリア」へのオマージュとして書かれた小説に『緋色の囁《ささや》き』がある。

——『緋色の囁き 新装改訂版』（綾辻行人／講談社文庫／２０２０）

10月14日

１８９２年、ホームズシリーズ最初の短編集『シャーロック・ホームズの冒険』が刊行。

——『シャーロック・ホームズの冒険』（コナン・ドイル著、延原謙訳／新潮文庫／２０１１）

10月15日

１８８８年、S・S・ヴァン・ダイン生まれる。
名探偵ファイロ・ヴァンスを生み出した

アメリカの推理作家。

推理小説を書く上での鉄則を説き、クリスティーの『アクロイド殺し』を酷評した。

『ベンスン殺人事件』（Ｓ・Ｓ・ヴァン・ダイン著、日暮雅通訳／創元推理文庫／２０１３）

10月16日

２００５年16時31分、オペレーション・ロメオを成功させたロメオ隊がＵＨ－１Ｊヘリで１５４９年より帰還（映画「戦国自衛隊１５４９」より）。

オリジナルとは違いハッピーエンド。『日本ＳＦ傑作選６』に収録されているオリジナル版のほうが好き。

『日本ＳＦ傑作選６ 半村良』（日下三蔵編／ハヤカワ文庫ＪＡ／２０１８）

10月17日

「オンラインゲームの日」。
１９９７年、日本初の月額課金制・
多人数同時参加型オンラインＲＰＧ
「ウルティマオンライン」が発売されたことから。

今ではオンラインＲＰＧをテーマにした作品は数多くあるが、人気の先駆けとなったのは「ソードアート・オンライン」だ。現在も小説、アニメともにシリーズ継続中。
『ソードアート・オンライン １ アインクラッド』（川原礫《れき》／電撃文庫／２００９）

10月18日

昭和２Ｘ年、金田一耕助が信州那須湖畔、

10月19日

那須ホテルに投宿（「犬神家の一族」第一章より）。

初めて触れた横溝作品で、映画を観てから小説を読んだ。湖から出た脚が忘れられない。

『犬神家の一族』（横溝正史／角川文庫／１９９６）

１９３７年、東京公演を終えた「原さくら歌劇団」第2班が夜行列車で大阪に向かう（小説『蝶々殺人事件』第1章より）。

由利《ゆり》麟《りん》太郎《たろう》シリーズ。２０２０年に吉川《きっかわ》晃司主演でテレビドラマ化された。

『蝶々殺人事件』（横溝正史／角川文庫／２０２０）

10月20日

2016年、登山家・田部井淳子《じゅんこ》死去。

女性として世界で初めてエベレストを含む七大陸最高峰への登頂に成功したことで知られる。初の著作は、エベレストの頂を極めるまでの道のりが描かれている名著。

『タベイさん、頂上だよ　田部井淳子の山登り半生記』（田部井淳子／ヤマケイ文庫／2012）

10月21日

1978年、小説家・乙一《おついち》生まれる。

17歳でのデビュー作は、タイトルどおりに「私の死体」が事件を語るという斬新な設定。

『夏と花火と私の死体』（乙一／集英社文庫／2000）

10月22日

10月23日

１９６２年、ジョン・Ｆ・ケネディ米大統領がキューバ海上封鎖を表明。

キューバ危機が核戦争へと発展する佐藤大輔の歴史改変小説がある。未完ではあるが、「これで完結している」と言われればそう思えるほどきれいにまとまっている傑作なので未読の方はぜひ。

『遙かなる星　１』（佐藤大輔／ハヤカワ文庫ＪＡ／２０１８）

１９５５年、小説家・篠田節子《せつこ》生まれる。

５人のＯＬの生き方を描く『女たちのジハード』で直木賞を、ネパール出身の妻の謎を追う『ゴサインタン』で山本周五郎賞を受賞。吉川英治文学賞受賞時に「暗い・重い・長いの三重苦の小説になったが」とスピーチしたのが、女性保護施設を舞台とするこの作品。

『鏡の背面』（篠田節子／集英社文庫／２０２１）

10月24日

1965年、F1メキシコGPが行われ、HONDAが初優勝。

『HONDA F1の原点 第一期F1技術者のヨーロッパ紀行』（丸野冨士也《ふじや》／三栄書房／２０１５）

10月25日

1964年、小説家・恩田陸《りく》生まれる。

1992年『六番目の小夜子《さよこ》』でデビュー。2017年『蜜蜂と遠雷』で直木賞と本屋大賞のダブル受賞及び2度目の

—本屋大賞受賞（どちらも史上初）。
『六番目の小夜子』（恩田陸／新潮文庫／２００１）

10月26日

1985年、タイムマシン「デロリアン」が完成し、実験が行われる（映画「バック・トゥ・ザ・フューチャー」より）。

—『バック・トゥ・ザ・フューチャー タイムマシンで過去へ未来へ』（ロバート・ゼメキス、ボブ・ゲイル原作、キム・スミス絵／小学館／２０１９）

10月28日

2017年、映画『彼女がその名を知らない鳥たち』公開。

—主演は蒼井《あおい》優《ゆう》と阿部サダヲ、監督は「孤狼の血」の白石和彌《しらいしかずや》で、Ｒ15＋指定。沼田まほかるの同名小説が原作。好き嫌いがはっきりと分かれると思うが、忘れがたいほどの衝撃を与えてくれる作品。

『彼女がその名を知らない鳥たち』（沼田まほかる／幻冬舎文庫／２００９）

10月29日

１９３５年、推理作家・浜尾四郎死去。

戦前の日本を代表する推理作家。貴族院議員の息子で子爵。検事から弁護士となり、法律知識を活かした本格探偵小説を書いた。今読むなら創元推理文庫『日本探偵小説全集5・浜尾四郎集』がオススメ。

『日本探偵小説全集5・浜尾四郎集』（浜尾四郎／創元推理文庫／１９８５）

10月30日

２０１０年、声優・野沢那智《なち》死去。

―洋画の吹き替えも多かったが、アニメ「スペースコブラ」の主人公がはまり役だった。
『スペースコブラ COMPLETE DVD BOOK 1』（ぴあ／2020）

10月31日

2095年、大黒竜也《おおぐろりゅうや》（司波《しば》達也）が鎮海軍港に集結していた大亜連合の艦艇を質量爆散《マテリアルバースト》によって破壊する。通称「灼熱のハロウィン」

（ライトノベル『魔法科高校の劣等生』より）。

―現在、続編が刊行中の大ヒットライトノベル。
『魔法科高校の劣等生・第7巻』（佐藤 勤《つとむ》／電撃文庫／2012）

《書店員9to5》⑩閉店後の仕事

店先に出しているCD、DVD、アウトレット本、幼年誌のラックを店内に片付け、シャッターを下ろして閉店すれば、退勤までラストスパートだ。店長がレジの清算を行っている間に、返品作業を終わらせる。返品は「雑誌」、「コミック」、「一般書籍」、「文庫・新書」とジャンルごとに処理するセンターが違うため、それぞれに分けて箱に詰めなければならない。出来上がった返品は箱の中身が分かるようにジャンル別の送り状を貼っていく。この箱に持ち手となるように紐をかければ完成である。あとは翌日の納品時に配送会社に持って帰ってもらえるように店の出口に近いところに積んでおく。ちなみに、返品1箱の重さはだいたい10～30kgほど、多いときで5～6個出る。これが少ないときは1～2個。これをすべてほんの数メートルではあるが運んで積み上げる。

そう、本屋は力仕事で終わるのだ。

今日も一日お疲れさまでした。

11月

November　霜月

クリスマス向け商材、手帳・家計簿、カレンダー、年賀状と売り場が年末色に染まる月。

この頃
書店で
起きること

11月1日

2019年、映画「閉鎖病棟 それぞれの朝」公開。

主演は笑福亭鶴瓶《つるべ》。舞台は精神科病棟。起きるのは殺人事件。原作は山本周五郎賞受賞作。

『閉鎖病棟』（帚木蓬生《ははきぎほうせい》／新潮文庫／2016）

11月2日

阪神タイガース記念日。

1985年のこの日、プロ野球の日本シリーズで阪神タイガースが西武ライオンズを破り、38年ぶり、2リーグ化してからは初の日本一になったことを記念して。

『阪神タイガース1985-2003』（中川右介《ゆうすけ》／ちくま新書／2019年）

11月3日

1871年、探偵ドルリー・レーン生まれる。

エラリー・クイーン「悲劇」4部作に登場する探偵。

『Zの悲劇』（エラリー・クイーン著、鮎川信夫訳／創元推理文庫／1992）

11月4日

かき揚げの日。

かき揚げは、うどんやそばなどの上に乗せて食べることが多いことから、「めんの日」に制定されている11月11日のカレンダー上部にあたる11月4日を記念日に制定。個性がぶつかり合いながらも一つにまとまっている家族を「かきあげ」と表現した小説がある。

『かきあげ家族』（中島たい子／光文社／2020年）

11月5日

1867年、米海軍のフリゲート艦エイブラハム・リンカーン号が、日本沿岸で潜水艦ノーチラス号と接触。リンカーン号に乗艦していたピエール・アロナクスら3名が海に投げ出され、浮上したノーチラス号に収容される（小説『海底二万里《り》』）。

角川文庫版と新潮文庫版があるが、新潮文庫版のほうが表紙がかっこいい。

『海底二万里 上』（ジュール・ヴェルヌ著、村松潔訳／新潮文庫／2012）

11月6日

１９１８年、作家・藤原てい生まれる。

作家・新田次郎の妻で、数学者・エッセイストの藤原正彦の母。終戦後、正彦らを連れて満州から日本へと命懸けで戻る物語が、今日まで読まれ続けるロングセラーに。

『流れる星は生きている』（藤原てい／中公文庫／２００２年）

11月7日

外場《そとば》村が焼失。

人口１３００人、土葬された死者が復活し人を襲う「起き上がり」伝承を持つ集落。

『屍鬼《しき》 五』（小野不由美／新潮文庫／２００２）

11月8日

１９６５年、作家・増田俊也《としなり》生まれる。

北海道大学柔道部OB。新聞記者を経て作家に。2012年、伝説の柔道家・木村政彦を描いた作品で大宅《おおや》壮一ノンフィクション賞と新潮ドキュメント賞を受賞。

『木村政彦はなぜ力道山を殺さなかったのか（上・下）』（増田俊也／新潮文庫／2014年）

11月9日

2007年、小説家・天城《あまぎ》一《はじめ》死去。

数学者にして幻の探偵小説作家。

『天城一の密室犯罪学教程』（天城一著／日下三蔵編／宝島社文庫／2020年）

11月10日

1963年、鈴鹿サーキットでロードレース世界選手権第1回日本グランプリが開催。

―『ホンダオートバイレース史』（中沖《なかおき》　満《みつる》／三樹《みき》書房／2019年）

11月11日

今日からトライやる・ウィークで中学生が頑張ってます。よろしくお願いします！　ちなみに今日は「ポッキーの日」です。

「トライやる・ウィーク」は兵庫県で行われている中学生の職業体験。

―『「ポッキー」はなぜフランス人に愛されるのか？　海外で成功するローカライズ・マーケティングの秘訣』（三田村蕗子《ふきこ》／日本実業出版社／2015）

11月13日

1991年、宮沢りえの写真集『Santa Fe』が発売。

150万部のベストセラーになる。

2020年度の写真集売上ナンバーワンは、田中みな実ファースト写真集『Sincerely yours...』47万部であることからも驚異的な売り上げだったことが分かる。

『SWITCH VOL33 宮沢りえ［女優］』（スイッチ・パブリッシング／2015）

1939年、自動車評論家・徳大寺有恒《ありつね》生まれる。

『間違いだらけのクルマ選び』が人気だった。エッセイ『ダンディー・トーク』には男のかっこよさが詰まっている。

『ダンディー・トーク 1』（徳大寺有恒／草思社文庫／2016）

11月14日

1969年、春日恭介生まれる。

11月15日

80年代を代表するラブコメ漫画『きまぐれオレンジ☆ロード』の主人公。87年にテレビアニメ化。制作は81年に「うる星やつら」、83年に「魔法の天使クリィミーマミ」を手がけていたスタジオぴえろ（現・ぴえろ）。

『ぴえろ大解剖 うる星やつら／魔法の天使クリィミーマミ／きまぐれオレンジ☆ロード 完全保存版』（三栄／2019）

11月16日

1913年、マルセル・プルーストの『失われた時を求めて』第1巻が刊行。7篇全13巻刊行までに14年かかった。

ちなみに、岩波文庫版が全14冊で完結するまで9年かかっている。

『「失われた時を求めて」への招待』（吉川《よしかわ》一義《かずよし》／岩波新書／2021）

11月17日

宇宙世紀0059年、シャア・アズナブル生まれる。

シャアの生年月日は諸説あり（たとえば安彦《やすひこ》良和『機動戦士ガンダム THE ORIGIN 24 特別編』では宇宙世紀0057年生まれ）。ここではWikipedia の記述（出典記載なし）を採った。

『機動戦士ガンダム 逆襲のシャア』（富野由悠季《よしゆき》／角川スニーカー文庫／1988）

11月18日

1928年、ミッキーマウス、ミニーマウスがスクリーンデビュー。

デビュー作はウォルト・ディズニー製作のモノクロ短編アニメーション『蒸気船ウィリー』（Steamboat Willie）。

『ミッキーマウスヒストリー　ウォルトから世界へ』（アンドレアス・デジャ著、マイケル・ラブリー著、宮川未葉《みよ》訳／静山社／2020）

11月19日

1703年、バスティーユ牢獄に収監されていた「常にベールで顔を覆った謎の囚人」が死亡。

デュマの『鉄仮面』の題材となった。

『ダルタニャン物語10　鉄仮面』（A・デュマ著、鈴木力衛《りきえ》訳／復刊ドットコム／2011年）

11月20日

1994年、明訓五人衆など高校生選手がドラフト指名される。

11月21日

山田太郎は西武ライオンズ、岩鬼正美《まさみ》は福岡ダイエーホークス、殿馬一人《かずと》はオリックス・ブルーウェーブ、里中智《さとる》は千葉ロッテマリーンズ、微笑《ほほえみ》三太郎は読売ジャイアンツ。

『ドカベン プロ野球編 1』（水島新司／秋田文庫／2002）

11月23日

イーブイの日。「ポケットモンスター」のキャラクター、イーブイのファンが11（イー）21（ブイ）との語呂合わせから呼び始めた。

株式会社ポケモン運営の「プロジェクトイーブイ」が公認。2018年に記念日として正式に登録された。

『ポケットモンスターガラル図鑑』（小学館／2020年）

1937（昭和12）年、岡山県の農村に三本指の男が現れる。

名探偵・金田一耕助のデビュー作。横溝正史が戦争が終わって最初に書いた長編推理小説でもある。

『本陣殺人事件』（横溝正史／角川文庫／1979）

11月24日

年不明、原子力潜水艦シーバットが独立国「やまと」を宣言（かわぐちかいじ『沈黙の艦隊』第2巻より）。

この作品が、かわぐちかいじの最高傑作だと思っている。現在は『空母いぶき GREAT GAME』を連載中。

『空母いぶき GREAT GAME 1』（かわぐちかいじ著、八木《やぎ》勝大《かつまさ》、潮 匡人《うしおまさと》協力、恵谷《えや》治《おさむ》 原案協力／ビッグコミックス／2020）

11月25日

1973年、五島勉《ごとうべん》著『ノストラダムスの大予言』の初版が刊行。

著者は1929年、函館のロシア正教信者の家に生まれた。晩年のインタビューで、戦前の旧制高校生のときにフランス語の先生からノストラダムスという人物のことを教わったと語っている。

『「知の再発見」双書118　ノストラダムス　予言の真実』（エルヴェ・ドレヴィヨン、ピエール・ラグランジュ著／伊藤 進《すすむ》監修／後藤淳一訳／創元社／2004年）

11月26日

「いい付録の日」。

本の問屋が語呂合わせで制定。雑誌付録のクオリティを広く知らしめることを目的としているらしい。コラム「書店員

9to5②」にも書いたが、雑誌付録は問屋ではなく書店員がセットしている。付録といえば、書店員がセットする手間がいらない学研の「大人の科学マガジンシリーズ」がすばらしい。

『大人の科学マガジン BEST SELECTION 1ピンホール式プラネタリウム』（学研プラス／2018）

11月27日

1973年、フォックス・モルダー（当時12歳）の目の前で妹のサマンサがエイリアンに誘拐される（ドラマ『Xファイル』より）。

モルダーのモデルとなった元FBI特別捜査官が、様々な事件の真実を明かした書籍がある。

『真実はここにある！』（ジョン・デソーザ、シャラン著／ヴォイス出版事業部／

――2020年）

11月28日

2003年、夜神《やがみ》月《ライト》がデスノートを拾う。

少年誌連載だったのが衝撃的だった。

――『DEATH NOTE 1』（大場つぐみ原作、小畑健《おばたたけし》漫画／集英社文庫コミック版／2014）

11月29日

1965年、歌手・尾崎豊生まれる。83年12月1日デビュー。92年4月25日没。

中学生のころ「卒業」に心を撃ち抜かれた。今でもよく聴くアーティスト。

――『MY FIRST OZAKI スペシャルDVD&ブック尾崎豊コレクション』（小学館／2013年）

11月30日

「ゲゲゲ忌」漫画家・水木しげるの命日。2016年制定。

初めて読んだ水木作品は家にあった『墓場鬼太郎』だった。テレビアニメのイメージしかなかったため、原作版の鬼太郎はとても怖かった。

『墓場鬼太郎 1 貸本まんが復刻版』（水木しげる／角川文庫／2006）

《書店員9to5》
⑪書店員が家に帰ってから

うちの店のシフトは早番が8時30分～17時、遅番が11時～19時までとなっている。店の所在地と同じ垂水区在住で通勤時間が10分かからない私は、基本的に寄り道というものをせずまっすぐ家に帰るため、早番で上がると17時30分ごろには家にいたりする。まずは着替えを済ませ、自分の部屋の座椅子に陣取ったらパソコンの電源を必ず入れる。家ではスマホやタブレットよりもパソコンを使うことのほうが多いため、何か調べものや作業がしたくなった時にすぐ使えるようにするためだ。

もちろん本も読む。ただ、出版社から発売予定の新刊の原稿、献本が毎月結構な量届くため、自分の読みたい本を読む時間は少ない。発売前の新作が人より早く読めるのだから役得ではあるが、そのどれもがすべて好みのものとは限らないし、原稿などに同封されている注文書は感想文とセットになっているため、読んで終わりというわけにもいかないのである。しかも座椅子の気持ちよさに勝てず、寝落ちしていることも多々あるから尚更《なおさら》だ。

12月

December　師走

クリスマス——スタッフはプレゼント包装に追われ、店長サンタはプレゼントを配りに町を駆け回る。年末商材の入れ替え商品を年内に手配しておくことを忘れてはいけない。

この頃書店で起きること

12月1日

１９３６年、怪人二十面相と明智小五郎が初めて対面。

—『怪人二十面相』（江戸川乱歩／ポプラ文庫／２００８）

12月2日

１９５９年、漫画家・細野不二彦生まれる。

代表作は『ギャラリーフェイク』だが、子供のころにテレビアニメになった『さすがの猿飛』と『Ｇｕ－Ｇｕガンモ』が好きだった。

—『細野不二彦初期短編集Ａ面』（細野不二彦／ビッグコミックス／２０２１）

12月3日

1970年、ダンと猫のピートが「夏への扉」を探す。

ハインライン作品の中で特に日本での人気が高く、山﨑賢《やまざきけん》人《と》主演で映画化され2021年に公開された。

『夏への扉』（ロバート・A・ハインライン著、福島正実《まさみ》訳／ハヤカワ文庫SF／2020）

12月4日

「E.T.の日」。1982年12月4日、映画「E.T.」が日本で公開されたことから。

1997年「もののけ姫」に抜かれるまで最高の配給収入を記録した。E.T.はExtra-Terrestrialの略で「地球外生命」のこと。

『E.T. THE EXTRA-TERRESTRIAL』（スティーブン・スピルバーグ、英《はなぶさ》雄飛《ゆうひ》著／ポプラキミノベル／2021）

12月5日

2001年、将軍の意志が政治に反映されていないとして、日本帝国本土防衛軍を中心とした一部の帝国軍が日本帝国政府に対してクーデターを起こす（『マブラヴ オルタネイティヴ』より）。

—元が美少女ゲームとは思えないほどの壮大なストーリーとしっかりとしたSF設定で人気の作品。
『MUV-LUV ALTERNATIVE 戦術機大全』（ホビージャパン／2015）

12月7日

1957年、推理作家・森博嗣《ひろし》生まれる。

—『そして二人だけになった』は、クリスティーの『そして誰もいなくなった』へのオマージュ作品。

――『そして二人だけになった』（森博嗣／講談社文庫／2018）

12月8日

1941年、町田太蔵《たいぞう》、警視庁警察官を拝命（特撮「怪奇大作戦」より）。

――『「怪奇大作戦」の挑戦』（白石《しらいし》雅彦／双葉社／2010）

12月9日

1916年、夏目漱石が『明《めい》暗《あん》』執筆途中に自宅で死去。

――『明暗』（夏目漱石／新潮文庫／2010）

12月10日

１９７５年、三億円事件の公訴時効が成立。

２０１８年8月、この事件の犯人の自白という形をとった小説がウエブサイト「小説家になろう」に投稿され、真贋含めて話題になった。同年暮れに『かいけつゾロリ』や『おしりたんてい』を出している出版社から書籍刊行。

『府中三億円事件を計画・実行したのは私です。』（白田《しろた》／ポプラ社／２０１８）

12月11日

２０１０年、映画『ノルウェイの森』公開。

兵庫県・神崎町《かんざきちょう》の砥峰《とみね》高原と峰山《みねやま》高原で撮影が行われた。

『ノルウェイの森』（村上春樹／講談社文庫／上下ともに２００４）

12月12日

12月13日

2020年、小説家ジョン・ル・カレ死去。

作品はスパイものが中心だが、その中でも初老のイギリス情報部幹部ジョージ・スマイリーを主人公としたシリーズが人気。『ティンカー、テイラー、ソルジャー、スパイ』、『スクールボーイ閣下』、『スマイリーと仲間たち』は「スマイリー三部作」と呼ばれる。

『地下道の鳩 ジョン・ル・カレ回想録』（ジョン・ル・カレ著、加賀山卓朗《たくろう》訳／ハヤカワ文庫NV／2018）

1969年、小説家・獅子文六《ぶんろく》死去。

1959（昭和34）年に新聞連載された『バナナ』には、当時の神戸が描かれている。レトロだがポップでドタバタな青春群像劇が面白い。

『バナナ』（獅子文六／ちくま文庫／2017）

12月14日

１９９４年、繁殖のために中国から借りていたトキのロンロンが死亡。

翌年4月には日本産最後のメスが死に、日本産トキは絶滅。学名は「ニッポニア・ニッポン」。小松左京の怖い短編「保護鳥」の中にその名が出てくる。

『霧が晴れた時 自選恐怖小説集』（小松左京／角川ホラー文庫／１９９３）

12月15日

１９４７年、小説家アーサー・マッケン死去。

20世紀の怪奇小説に大きな影響を与えたイギリスの小説家。２０２１年5月に東京創元社から傑作選が発売された。

『恐怖 アーサー・マッケン傑作選』（アーサー・マッケン著、平井呈一《ていいち》訳／創元推理

—文庫／2021）

12月16日

1917年、アーサー・C・クラーク生まれる。
1928年、フィリップ・K・ディック生まれる。

—『地球幼年期の終わり』（アーサー・C・クラーク著、沼沢洽治《こうじ》訳／創元SF文庫／2017）
『死の迷路』（フィリップ・K・ディック著、山形浩生《ひろお》訳／ハヤカワ文庫SF／2016）

12月17日

1964年、浪速《なにわ》大学医学部の里見脩二《しゅうじ》助教授が辞表を書く（山崎豊子《とよこ》『白い巨塔』より）。

—『白い巨塔 3』（山崎豊子／新潮文庫／2002）

12月18日

3000年、「リアル鬼ごっこ」開始。

6回も映画化されている。2015年公開の第6作監督・園《その》子温《しおん》は「原作をあえて読まず」「一から脚本を書きました」とコメントしている。

『リアル鬼ごっこ』（山田悠介／幻冬舎文庫／2004）

12月19日

1848年、小説家エミリ・ブロンテ死去。

『ジェイン・エア』のシャーロット、『嵐が丘』のエミリ、『ワイルドフェル屋敷の人々』のアンは、イギリスのヴィクトリア時代を代表する小説家姉妹。左掲の文庫には『ジェイン・エア』（ダイジェスト版）、エミリの『詩選集』、アンの『アグネス・グレイ』を収録。桜庭一樹は解説も書いている。

『ブロンテ姉妹』（ブロンテ姉妹著、桜庭一樹編、侘美《たくみ》真理《まり》編集協力、田代《たしろ》尚路《なおみち》訳／

集英社文庫ヘリテージシリーズ／２０１６）

12月20日

１９６８年、作家ジョン・スタインベック死去。

どんな過酷な環境でも誇りを失わず生きていく人間の強さを描いたアメリカ版『蟹工船《かにこうせん》』のような作品でピューリツア賞を受賞。

『怒りの葡萄　新訳版』（ジョン・スタインベック著、黒原敏行訳／ハヤカワｅｐｉ文庫／上下ともに２０１４）

12月21日

年不明、奉心祭《ほうしんさい》で、白銀御行《しろがねみゆき》が四宮《しのみや》かぐやに告白させるために

12月22日

ウルトラロマンティック作戦を行う。

テレビアニメ化、実写映画化もされた人気漫画。

『かぐや様は告《こく》らせたい～天才たちの恋愛頭脳戦～ファイナル 映画ノベライズ』（赤坂アカ原作／徳永友一《ゆういち》映画脚本／羊山十一郎《ひつじやまじゅういちろう》著／集英社オレンジ文庫／2021）

1989年、サミュエル・ベケット死去。

アイルランド生まれ、フランスで活動した、不条理演劇を代表する劇作家、小説家、詩人。『ゴドーを待ちながら』はベケットを代表する傑作戯曲。

『ゴドーを待ちながら』（サミュエル・ベケット著、安堂信也《しんや》訳、高橋康也《やすなり》訳／白水《はくすい》uブックス／2013）

12月23日

１９６０年、小説家・宮部みゆき生まれる。

今さら説明不要のベストセラー作家でゲーマー。小説家・綾辻行人とは生年月日、デビュー年月が同じ。

『パーフェクト・ブルー』（宮部みゆき／創元推理文庫／２０１９）

12月24日

クリスマス・イブ。

『オズの魔法使い』の著者が書いたサンタさんの少年時代からの「伝記」がある。イラストは『大家さんとぼく』の矢部太郎。

『サンタクロース少年の冒険』（ライマン・フランク・ボーム著、畔柳《くろやなぎ》和代訳／新潮文庫／２０１９）

12月25日

2006年、
R☆S（ライジングスター）オーケストラの
クリスマス公演がサントリーホールで開催。

テレビドラマ「のだめカンタービレ」第11話より。原作漫画の新装版が刊行されている。

『のだめカンタービレ 新装版 1』（二ノ宮知子《ともこ》／キスKC／2021）

12月27日

1964年、
オーストラリア海軍少佐ピーター・ホームズが

自宅で目覚める（小説『渚にて』冒頭）。

第三次世界大戦で北半球がほぼ壊滅した世界を描いた終末SFの傑作。

『渚にて 人類最後の日』（ネヴィル・シュート著、佐藤龍雄《たつお》訳／創元SF文庫／2009）

12月28日

1949年、作家・北村薫生まれる。『鷺《さぎ》と雪』（文春文庫／2011）で第141回直木賞受賞。

デビュー当時は覆面作家だった。作品にも「覆面作家」シリーズがある。

『北村薫の創作表現講義 あなたを読む、わたしを書く』（北村薫／新潮選書／2008）

12月29日

1960年、推理作家
イーデン・フィルポッツ死去。

『だれがコマドリを殺したのか?』はヴァン・ダインが激賞した傑作。また、ハイティーン時代のクリスティーの隣に住んでおり、クリスティーに創作の助言をしていたことが、クリスティーの自伝に記されている。

『だれがコマドリを殺したのか?』(イーデン・フィルポッツ著、武藤崇恵《たかえ》訳/創元推理文庫/2015)

12月30日

1924年、エドウィン・ハッブルが
系外銀河の発見を論文で発表。

1990年に打ち上げられた宇宙望遠鏡に名を遺《のこ》す天文学者の悲劇を知りたければ、この岩波ジュニア新書がオススメ。

『ハッブル 宇宙を広げた男』（家《いえ》 正則《まさのり》／岩波ジュニア新書／2016）

12月31日

大晦日。
今年一年、ご愛顧いただき
誠にありがとうございます。
新年は4日より営業いたします。
皆様のご来店を心よりお待ちしております。

―この日は、ヒューゴー賞11回、ネビュラ賞7回、ローカス賞を11回受賞しているアメリカの女性ＳＦ作家コニー・ウィリスの誕生日。『ドゥームズデイ・ブック』、『ブラックアウト』、『オール・クリア』はどれも、ヒューゴー賞・ネビュラ賞・ローカス賞の三冠に輝く傑作。

『ドゥームズデイ・ブック』（コニー・ウィリス著、大森望訳／ハヤカワ文庫ＳＦ／２００３）
『ブラックアウト』（コニー・ウィリス著、大森望訳／ハヤカワ文庫ＳＦ／２０１５）
『オール・クリア』（コニー・ウィリス著、大森望訳／ハヤカワ文庫ＳＦ／２０１５）

《書店員9to5》⑫書店員の休日

書店員は休日にずっと本を読んでいるようなイメージを持たれているのだろうか？　もちろん、そういった書店員もたくさんいるだろう。だが、多趣味な私は本を読んでいるだけではない。とりあえずさっと思いつくだけで、読書、音楽鑑賞、映画鑑賞、スポーツ観戦、カメラ、ギター、自転車、バイク、プラモデル、ゲームなどがある。もともと好奇心が旺盛だったこともあり、気になったものにはとりあえず手を出してきた。やってみて自分に合わないものを除外してきた結果残ったのが現在の趣味となっている。こんなふうにいろんなところにアンテナを立てて得た知識は、あらゆるジャンルが存在する「本」というものを扱う「書店員」という仕事に非常に役立っている。本を読むことはもちろん大事だが、それだけでは思いつかない面白い発想が趣味で得た経験や知識から生まれることもあるからだ。

はっ!、こう言っておけば、趣味に没頭する大義名分が立つのではないか？

そんなことを考えながら今日も今日とて、休みは趣味に明け暮れる。

おわりに

うちの逢坂のこととうちの店の話

流泉書房社長・大橋崇博《たかひろ》

うちの逢坂のこと

最初に会ったのがいつだったのか覚えていないんですよ。あとでお話ししますが、逢坂は当時垂水にあった書店の店長で、こっちはまだ流泉の三代目社長になる前だと思います。東京の出版社の人がこっちに営業に来るときに神戸の書店員が集まる機会があって、その飲み会で何度か会っているうちに、名刺なんか交換したことないけれど（笑）お互いの携帯の番号は知っているようになりました。

２０１６年に、逢坂から「勤めている店を辞めようと思っている」と聞きました。この本を読んでいただいておわかりのとおり、逢坂はとにかく幅広く本を読んでいてよく知っている。前の店では、逢坂だからついているお客様がいるということも知っていました。逢坂はただ本に詳しいだけではなくて、お客様とお話しして、聞いて、お客様にオススメの本をご案内するのがうまい。こっちもちょうど近所に大きな競合店が来ると聞いていて、対抗できる力がほしいと思っていたところでした。逢坂とはウマも合っているし、歳は逢坂のほうが上ですけど、そういうことはまったく気にならなかったし。うちで力を発揮してほしいなと思って「じゃあうちに来ないか」と。前の職場を辞めた翌々日には、うちの社員になってレジに入っていました。

うちの店の話

流泉書房の創業は昭和28（1953）年10月1日です。祖父の秀男《ひでお》が三ノ宮駅近くの三宮センター街に70坪の店を開きました。大正生まれの祖父は、鯨の脂で石鹸をつくる神戸港の水産会社で経理をやっていたんですが、会社が潰れて、神戸は元町の海文堂書店に経理係として拾われたそうです。そこで「本屋ってこんなに儲かるのか」と知って独立したようです。社名の由来は「人とお金が流れて泉に溜まるように」だと祖父から聞きました。

店舗は地元の電器店・星電社《せいでんしゃ》本店（現在はヤマダデンキLABI三宮店）の一軒挟んだ西隣です。当時は駅ひとつ西隣の元町商店街のほうが老舗も多く人も多かったそうですが、センター街は祖父が店を始めた年にアーケードがかかり、そこからは高度成長期と共に繁盛して、神戸一の繁華街になりました。

今、喫茶店になっている半地下＋地下の物件が流泉書房の店舗でした。地下1階が書籍で、半地下が雑誌と事務所。ぼくも小さい頃は、事務所で祖父に言われたとおりに本のスリップを半分にちぎる手伝いをしていました。

昭和55（1980）年に神戸市須磨区の名谷《みようだに》に70坪の支店を出しました。名谷は三宮から地下鉄で20分くらいの郊外のベッドタウン、その中心にある駅です。店は駅の近くの商業施設の中にありました。昭和52（1977）年に地下鉄ができて、神戸の住宅地がどんどん郊外に拡大していた時期でした。出版業界の景気も良くて、祖父はよく取次（本の問屋）が主催する慰安旅行とかに行ってましたね。ぼくも出版社からもらった社名ロゴ入りの子ども用サイクリング車に乗っていた覚えがあります。

阪神・淡路大震災

平成7（1995）年1月17日、阪神・淡路大震災が起きて、三宮センター街は壊滅しました。うちの三宮本店も潰れて、名谷の店に一本化しました。三宮本店は土地も建屋も借り物だったので、撤収の負担は最低限で済みました。名谷に店を出していなければ大変なことになっていました。２０００年代の前半に母の洋子《ようこ》が二代目社長になりました。ぼくが入社したのは平成14（２００２）年です。ほかにやりたいことも特になかったし、親や祖父の背中見て育っていましたから、家ってもんは継ぐもんだと思っていましたね。

震災から10年後の平成27（２０１５）年8月にぼくが三代目社長になりました。名谷はファミリー層が多い土地柄だったので、児童書がよく売れていました。そういう店ではよく、絵本の読み聞かせイベントをやるんですが、同じようなことをやってもつまらない。社長になってすぐ、「子どもが子どもに読み聞かせ」というイベントを毎週木曜の夕方に始めました。大人がじょうずに読むのをただじっと聞いているんじゃなくて、近所の子どもたちが集まって、わいわい言いながら、同じ子どもたちの前で自分が好きな本を声を出して読むんです。木曜にやっていたのは、読み聞かせのエースだった子どもの都合に合わせたからです。これは店が今の場所に移ってからも続けています（注・現在の店では金曜開催）。名谷時代に来てくれていた子が、今の店にも来てくれています。今はコロナで中断していますが、今までに１５０回くらい開催しています。

２０１６年、名谷のうちの店と同じ商業施設の中に、２００坪のチェーン書店ができました。うちの店は赤字になりました。最大で５人ほどいたアルバイトに辞めてもらったりして、16〜17年頃がいちばんきつかったですね。新しい場所で店を続けようと物件探しを始めました。今の物件は、自宅から日課の――はい、ダイエットのためのランニングの最中に見つけたんです。自宅から近いのでまったく知らない土地ではない。子どもが通っている幼稚園も近いので、パパ友ママ友もお客様で来てくれると思いました。

平成30（２０１８）年11月25日に名谷の店を畳み、12月3日に垂水の今の場所に移転しました。今の店は25坪、名谷時代の3割ちょっとの床面積です。物件に合わせて店を変えました。コミックは新刊だけにして、高校の学習参考書の扱いはやめました。棚構成は児童書、文庫、雑誌が中心です。場所は垂水駅の東口からすぐのところです。西口に本屋が2軒あるんですが、垂水駅は東西に長く、西口と東口のお客様は異なります。逢坂が以前店長をしていた本屋のすぐ近くでもあります。その店は平成29（２０１７）年8月に閉店していたのですが、うちが店を開いたことで東口のお客様や同じ商店街のお客様、逢坂の以前からのお客様にもお使いいただけるようになりました。

教科書販売のプロは最若手

流泉書房は学校教科書もお取り扱いしています。小学校8校さん、中学校4校さん、高校1校さんとお仕事させてもらっています。このうち高校は神戸の元町にあった海文堂書店さんから引き継いだものです。海文堂さんが平成25（２０１３）年9月に閉店するときに、外商と教科書販売を担当していた早川明さんから紹介されてうちで働くことになったのが黒木達也です。黒木は平成21（２００９）年から閉店の日まで海文堂でアルバイトをしていました。高校の教科書は生徒さんによって「セット組み」が変わる複雑な商品なんですが、うちは黒木が早川さんに教科書販売のやり方を叩き込まれているので問題ありません。うちは、いちばん若い黒木が教科書販売ではいちばんのベテランです。

今の店にはバックヤードがありません。店から少し行ったところにぼくら家族が住んでいる自宅がありまして、そこの一階が倉庫代わりです。教科書販売の時期はこの倉庫でセット組みをやります。そうそう、コロナ対策の給付金でハイエース（トヨタの商用ワンボックスカー）を買ったんです。それまで普通乗用車に本を詰めて家から運んでいたんですが、いやハイエース凄い。

「こんなに入るんか！」「今まで何やったんや！」と皆で大喜びしました。

本と一緒にお弁当やパンも配達

うちは今でもご近所への配達をやっています。お届け先は個人のお宅、美容院、病院、喫茶店……60軒くらいあります。週刊誌や新刊書籍のご注文が多いですね。週に一度、名谷時代からのお客様7軒に今も配達を続けています。本の配達は外出がしんどい高齢者の方に喜んでいただいているという実感があります。平成31（２０１９）年の春からは、月に一度、高齢者施設での移動販売も始めています。

新型コロナの流行が始まって緊急事態宣言が出た頃に、商店街の若手が集まる会合で「うちの配達に、商店街のほかの商品も乗せて宅配をしたらどうか」と提案しました。令和2（２０２０）年の5月から、同じ商店街の喫茶店ブラジルの竹中一成《かずなり》さんと陸《くが》ノマル井《い》パンの末武徹也《すえたけてつや》さんのご協力をいただいて、ワンプレートのお弁当やパンの宅配を始めました。本と同じく、お客様からは配達手数料をいただいていません。お店の側からお値段の5％を手数料としていただいています。パンやお弁当のお客様が本のお客様になってくださったり、本のお客様がパンやお弁当のお客様になってくださったり、というつながりを築くことができたのが地元の店として嬉しいですね。

本は定価商品なので特売品が出しにくく、本屋は商店街のお祭りに参加しにくい——という話があることは知っていますが、うちはそういうイベントのときには、地元の作家さんをお呼びしてワークショップをやるんですよ。これも名谷の店の頃からやっています。商店街のイベントのときに物販が難しくても、本屋ならばこういう「体験」をお客様にご提供することができるんです。これは同じ書店経営者仲間がやっていたことで、それを見て「うちなら何ができるだろうか」と考えたのが始まりですね。

ネット通販のこと

令和3（2021）年3月から、ネット通販を始めました（https://books-ryusen.stores.jp/）。ここでしか買えないもの——作家さんの直筆サイン本などの限定品を中心に販売しています。おかげさまで売上がだんだん伸びてきまして、ネット通販の月商が店頭1日ぶんの売上くらいになってきました。

大手のオンライン書店のように「送料無料」というのは難しいです。送料だけでなく梱包資材の費用や、受注から発送までの作業を考えると、やはりお客様から送料をいただかないと難しい。なので、うちのオンライン書店は、ここでしか買えない直筆サイン本などの限定品を中心にしています。うちの店のブックカバーもお付けしています。地元にお住まいの筒井康隆先生の直筆サイン本は、筒井先生ご自身がＳＮＳで告知してくださったことで、全国の筒井ファンのお客様からご注文をいただきました。

思いつくのがぼくの仕事

基本、今のうちの店は、ぼくが全体を見て、逢坂と黒木が商品の仕入れ、棚づくりをしています。ＳＮＳでこまめに店の宣伝をやってくれているのが妻です。６歳の息子と８歳の娘の子育てをしながら、Facebook や Instagram に毎日投稿し、ブログ（「本屋の奥さんの家族とか子育てとか。流泉書房とアレやコレ」https://ameblo.jp/ohashiakane/）も書いてます。妻は近所のお客様への配達もやってくれていて、くっついて行く息子は「配達ボウヤ」と呼ばれてちょっとしたアイドルらしいです。

「子どもが子どもに読み聞かせ」も、この「今日は何の日」も、思いつくのはだいたいぼくです。まあ、「今日は何の日」は、某書店の経営者仲間の方が以前「俺ならこういうことやる」と言われていたのを思い出したんですけど。ぼくが思いついて始めたことはほかにもあります。地元の絵本作家・山本孝《たかし》さんと青山友美《ともみ》さんご夫妻の原画展をやったり、自然写真家の大竹英《ひで》洋《ひろ》さんの展覧会をやったり。大竹さんの展覧会のときは、作品の横に二次元バーコードを貼って、そこから大竹さんが撮影秘話を語る動画に飛べるという仕組みもやってみました。なんでもいいんですよ、うまくいかなかったらすぐやめればいい。まず実際にやってみて、面白かったら続ける——でいいと思うんです。

　こういう話をすると「それは流泉さんだからできるんですよ」と言われることもあるんですが、ほんとうにそうなのか。要は動けばいいだけだと思うんです。原画展をやりたいと思ったら、出版社に電話してどうすればいいのかまず訊《き》いてみる。地元に作家さんがいるとわかれば、イベントに出かけて「ご近所の本屋なんですが」とご挨拶するところから始める。作家さんとのご縁は、こっちからつくりに行くもんだと思います。「小さな店には本が入らない」という話も同じでしょう。入らないのなら、じゃあ何をしましたか？という話だと思いますよ。出版社に行って人に会って一晩一緒に呑んで仲良くして――と、一人ひとり仲間をつくることを積み重ねていけば、「崇博さんが言うなら」って、本を出してくれますよ。そうやって呑んでいるうちにぼくはこんなに肥えてしまったので、これは労災だと思ってますけど（笑）。

ぼくもたまに「今日は何の日」のネタ出しとかはしてますけど、だいたいは、ぼくの担当は「『こういうの、どうかな』と思いついて逢坂と黒木に相談する」ですね。実際にやるのは逢坂と黒木。25坪の店で2人を雇っているわけで、外野からは人件費大変じゃないかとか言われるわけですが、2人がいないと店は回らない。黒木は新書を担当しているんですが、ていねいにテーマ別に並べ直しているのは黒木のしわざです。中公新書の『物語○○の歴史』を抜きだして並べている本屋って、あまり見たことないでしょう？　逢坂はこうやって本になるくらいまでほぼ毎日「今日は何の日」を書き、「本日のオススメ本」を書き、ミステリやSFは東京から来たマニアックなお客さんを驚かせるくらい揃えてしっかり売っている。仕入れが難しそうな本でも、配本が少ない本でも、あの手この手を尽くして仕入れて売っている。

だからといって逢坂も黒木も「マニアックな本好き」のほうを向いて書店員をやっているつもりはないでしょう。逢坂も書いていたと思いますけれど、うちの店の者は全員、いつもお客様とおしゃべりばかりしているような気がします。そういう店なんです。ぼくらもそれが楽しいんですよ。店の仲間たちとは「お客様が暮らしのことでも仕事のことでも何でも、何か困られたときに『流泉で聞いてみよう』と、うちの店の誰かの顔が出てくるようになればいいなあ」という話をしています。本を手にしたときは、この本を買われるであろうお客様の顔が浮かびますし、この本をつくって届けてくれる側の顔も浮かびます。その両方の顔を思い浮かべて、つないで届けるのが楽しいんですよ。

　おかげさまで店もなんとか回して今日まで続けることができています。将来、娘や息子が「大学行きたい」と言ってきても、私立の医学部みたいな学費が高いところでなければ、なんとか行かせてやれると思います。４代目の跡継ぎ？　継ぐ継がないは彼、彼女次第です。職場と業界に仲間がいて、楽しく仕事ができるのならば、どんな仕事でもいいと思います。ただ、歴史というものは簡単につくれるものではないので、「流泉」の名は、何かの形で残してほしいなあとは思いますけどね。

（インタビュー構成・苦楽堂編集部）

出版社名索引（文庫・新書レーベルを併記）

人名索引(グループ名、架空の存在を含む)

●数字欧文

●あ

●い

作品名索引（映像、ゲームを含む）

著者略歴

逢坂肇《おおさかはじめ》

1971（昭和46）年、兵庫県神戸市生まれ。大阪学院大学法学部中退。コンビニ、楽器店勤務を経て97（平成9）年、郊外型複合書店で書店員キャリアをスタート。同店の閉店後、パソコンショップ、古書店勤務を経て2002（平成14）年に文進堂書店に入社。06（平成18）年より店長として勤務。16（平成28）年退職。同年、流泉書房入社、現在に至る。神戸新聞夕刊「本屋の日記」コーナーの連載メンバーとして2カ月に一度原稿執筆中。

流泉書房《りゅうせんしょぼう》

兵庫県神戸市垂水区の商店街「垂水センター街」にある地域密着型書店。1953（昭和28）年、神戸市中央区三宮で開業。80（昭和55）年、同市須磨区名谷《みょうだに》に支店開設。95（平成7）年、阪神淡路大震災で三宮店が被災し名谷店に統合。2018（平成30）年、現在の垂水に移転。

Twitter	@books_ryusen
Instagram	https://www.instagram.com/books.ryusen/
流泉書房オンラインショップ	https://books-ryusen.stores.jp/

今日は何の日？　今日も本の日！

まちの本屋が店先の黒板にほぼ毎日書いたブックガイド

2021年12月1日　初版第1刷発行

著者　逢坂肇と流泉書房の仲間たち

発行者　石井伸介

発行所　株式会社苦楽堂

〒650-0024　神戸市中央区海岸通2-3-11昭和ビル101

Tel & Fax:078-392-2535　http://www.kurakudo.jp

装幀　原 拓郎

印刷・製本　中央精版印刷株式会社

ISBN　978-4-908087-13-4

●本文仕様

本文	FOT-筑紫明朝 Pr5N B
副文	FOT-筑紫明朝 Pr5N R
書誌情報	FOT-筑紫ゴシック Pro D

●装幀仕様

カバー	OKトップコートS／ホワイト／四六Y／110kg／グロスPP
オビ	OKトップコートS／ホワイト／四六Y／110kg／グロスPP
本表紙	NTラシャ／緑／四六Y／170kg
見返し	OKカイゼル／純白／四六Y／110kg
別丁扉	エコラシャ／きなり／四六Y／100kg
本文	OKアドニスラフ80／四六Y／59.5kg